無理せず「めんどい人」をかわすコツ

精神科医Tomyの 人づきあいはテキトーでいいのよ

精神科医Tomy

日本実業出版社

はじめに――人づきあいはテキトーでいいのよ

この本は、アナタの人づきあいの悩みを吹き飛ばすための本よ。

- イライラしている人に話しかけないといけない時（話しかけづらくて困る……）
- 相手からのチャットの返信が遅い時（何か怒らせたかな……）
- 人の自慢話を聞く時（自分がダメ人間に思える……）

人づきあいには、さまざまな「めんどくさい場面」があるわよね。
そんな場面に直面するたびに、「もっとうまくやれないか」と思うもの。
そんなアナタに、声を大にしてお伝えするわ。

人づきあいはテキトーでいいのよ！　むしろ、一切考えなくてもいいの！

こう言うと、びっくりするかもしれないわね。

今まで自分が悩んできたのは、いったい何だったのかと。

でも、「人づきあいはテキトーでいい」の。本当よ。この本を読めば、理由がわかるわ。

申し遅れました。アテクシ、精神科医Ｔｏｍｙ《トミー》と申します。

精神科医として20年、専門的な知識や経験から生み出した「気持ちがラクになる言葉」を患者さんに届けています。診察の時に、患者さんの顔からスッと力が抜け、笑顔になることがうれしくて、この仕事を続けているわ。

でも、診察だけでは、どうしても言葉を届けられる人数が限られることに悩みがあったのよね。

そこでアテクシは、悩んでユウウツな人に向けて、オネエ口調でカジュアルに、わかりやすくて、心に届く「気持ちがラクになる言葉」を、ＳＮＳで発信することにしたの（自分を「アテクシ」と呼ぶのは、その頃からよ）。そうした発信が注目されて、本を書く機会も多くいただくようになりました。

そんなアテクシが**この本で解決するのが、「めんどうな人間関係」**よ。

実は、人づきあいが苦手なアテクシ。精神科医だし、こうした本を書いているから、人づきあいが得意でストレスがないとよく誤解されるのだけど、そんなこともないのよ。

実は、人づきあいの悩みは、精神科医として一番多くいただくご相談なの。上司、同僚、部下、夫婦、親子、友人、恋人、近所の人、親戚、SNS……人づきあいの悩みは尽きないのよね。意図しなくても、あちこちで発生するのが人づきあい。

さらに人づきあいがめんどうなのは、今はよくても、時間が経てば関係が悪くなることがあること。その逆もあるけどね。また、人は複雑で、さまざまな感情もあるし、本音を隠すことがあるのも、めんどうよね。

つまり、**人そのものがめんどうだから、人づきあいで悩むのはしかたがない**ことなの。

でも、**「人生は考え方次第で変わる」**とアテクシは考えているわ。

人生を決めるのは物理的な環境ではないわ（たとえ同じ環境にいても、同じ人生にはならないのよ）。人生を感じるのは、アテクシたちの「脳」。**人生のよし悪しは主観で決まる**の。小さなことを気にせず楽観的に考えられれば、楽しい人生。クヨクヨして悩み事や不安が多ければ、苦しい人生になるのよ。

もちろん、人づきあいも人生の一部だから、考え方や行動によって、よし悪しは大きく変わるの。

そして、アテクシはふと思ったわ。

確かに、人づきあいはめんどうよ。でもね、そんなめんどうなものをコントロールしようとするからつらいんじゃないか、って。反対に、たいして深く考えずテキトーに、あるがままにしておいたほうが幸せなんじゃないか、って。

よくよく考えると、人と人が出会い、その間に自然と生じるのが人間関係よ。「人間関係」そのものをコントロールしようとするのは、かえって不自然よね。

そう、人間関係はテキトーでもいい。いや、テキトーがいいの。

ここでいう「テキトー」は、「気にしない」ということよ。

「いいかげんにする」という意味ではないから、お間違えなきよう。

気にするから悩むのよ。それなら、気にしなければ悩まなくていいでしょう？

では、どうしたら気にしないで済むのか。それが問題よね。

それは「何もしない」ということ。

何かしなければと思うから、悩む。でも何もしないと決めれば、悩まないものよ。

むしろ何か対策しようとすると、逆効果になることのほうが多いのよ。たとえば、相手から連絡がないからと、「どうしたの？」なんて追いかけるように連絡をしてしまう時。相手にも事情があるのだから、そんなことをすればかえって「めんどうだな」と思われるわよね。それならば、いっそテキトーに、何もしないほうがいいのではないかしら。

そして**「何もしない」を実践してみたら、意外と何とかなる**ものよ。

人間関係は続いていくものだけど、無理して続かせるものではないの。

お互いに縁があって、お互いのことが本質的に嫌じゃなければ勝手に続いていくものよ。もしそうはならなかったら、関係が続いていく相手ではなかっただけのこと。

このスタンスでいれば、人づきあいの悩みが、いかに些細なものかに気づくはずよ。

たとえば、チャットの返事があるかどうかなんて、どうでもいいの。人間だから忘れることもあるわ。何かのタイミングで返しそこねているだけかもしれないわね。

いずれにせよ、その原因を探って対策しなければいけないようなことではないの。

人づきあいをテキトーに考えれば、大きな視野で状況を見られるようになるわ。

考えてみれば、人づきあいの得意そうな人は、おそらく細かいことは考えていないわ。連絡したいから連絡をするし、誘いたいから誘う。それによって「もし返事が来なかったらどうしよう」「嫌われたらどうしよう」なんて（多分）考えていないの。考えていないから、人づきあいに物怖じしないでいられるのよ。

だから何も考えず、テキトーにする。これが人づきあいに悩まない答えなのよ。

そうはいっても、具体的にどう「テキトー」にするのか、きっとよくわからないわよね。大丈夫。その方法は、この本の中に書いてあるわ。

ぜひこの本を人づきあいで困った時のお守りにして、人づきあいの悩みをビューンと吹き飛ばしてくださいね。

精神科医Ｔｏｍｙ

『精神科医Ｔｏｍｙの人づきあいはテキトーでいいのよ』目次

第1章

「人間関係をうまくやらなくてはいけない」って本当かしら？

第2章

めんどいキャラクターたち

第3章 会話がめんどい

第4章 友人とのつきあい

第5章 仕事上のつきあい

第6章

家族・親戚とのつきあい

第7章

恋人・配偶者とのつきあい

第8章 大切な人を大切にするには

ブックデザイン　喜來詩織（エントツ）
イラスト　カツヤマケイコ
DTP　一企画

第 1 章

「人間関係をうまくやらなくてはいけない」って本当かしら？

人間関係の悩みは思い込みのせいよ

人間関係は「うまくやらないといけない」と思っていないかしら？　誰も傷つけず、誰の迷惑にもならず、そこそこの評判を得て無難に立ち回ることは、本当に必要だと思う？

実は、**人間関係の悩みは、たいてい「うまくやらないといけない」という思い込みから始まっているのよ**。「うまくやらないと、周囲から浮いて生きづらくなる」なんてことを心配していないかしら？

でもね、人間関係は、本来は自然にあるものよ。「私」という個性と「相手」という個性があって、その調和や相性によって自然と成立するものなの。つまり、**人間関係とは本来「つくるもの」ではなくて、ただ「そこにあるもの」**なのよね。

だから、人間関係を無理してコントロールしようとしても、なかなかうまくいかないものよ。たとえば、本当は行きたくないのに、「仲間はずれにされたくないから」とガマンして飲み会に行くことはないかしら？　仮にその気持ちのコントロールのおかげでうまくいったとしても、無理していたら続かないわ。そして、無理ができなくなった時点で関係性は終わってしまうものよ。

だから、好きでつながっているプライベートでの人間関係については、無理をしなくていいわ。義務ではないから、誘いたくなったら誘えばいいし、誘われても気が向かなければ断ればいい。誤解されても、何が何でも誤解を解かなくてもいい（すぐ誤解するような人とは、いずれうまくいかなくなるものよ）。

仕事の人間関係では、仕事を介してつながればいいの。仕事に誠実な対応をすればいいだけで、必要以上に仲よくなる必要もないわ。

結局、**人間関係そのものは、仕事もプライベートも、無理は必要ない**のよ。

アテクシも若い頃は、人間関係を「うまくやろう」としてきたものよ。学生の頃は先生から信頼厚く、友人から尊敬され、ＰＴＡの親御さんからも好印象を得られるように振舞っていたの。クラス委員長などの役職にもよくついていたし、学園祭でもリーダーになっていたわ。

でもいつからか気がついたの。人間関係をコントロールしようとすると「自分自身」を見なくなる。何のためにうまくやろうとしているのかわからなくなる。その結果、うまくいかなくなるのよね。

だから、**人間関係をラクにしたいのなら、自分の気持ちに向きあう意識が大切**なの。そのうえで近くにいてくれる人は、本当に自分と一緒にいたいと思ってくれる人なのよ。

もちろん、人間関係の悩みをゼロにすることは難しいわ。でもね、**つらいと思ったら「自分の気持ち」を知り、それに従ってみる**の。たとえば、モヤっとした時に「なぜモヤっとしたのだろう」と考えて書き出してみる。その記録がたまっていくと、自分のモヤモヤの傾向がつかめるようになるでしょう。自分の気持ちがつかめないことが、漠然とした不安につながっている場合もあるから、自分の気持ちに向きあう時間を積み重ねていくようにすると、人間関係が少しずつラクになっていくことが実感できると思うわ。

人間関係の大原則は「嫌な人には関わらない」

人間関係の大原則は、「嫌な人には関わらないこと」よ。一日24時間、人生長くても100年と時間は限られているの。だから、嫌な人と関わったぶん、その限られた時間が嫌な時間になってしまうわ。これって本当にもったいないと思わないかしら?

しかも、嫌な人と関わっても、いい結果なんてないわよ。たまに「この人と関わるのは嫌だけど、メリットがあるかもしれないからガマンしよう」などと言う人がいるけど、まずメリットなんてないわ。もし何らかのメリットをチラつかされても、それは手に入らないことが多いの。嫌な人間は、奪うだけで与えることをしない人間が多いからよ。**嫌な人とは関わらない。これを常に意識するだけで、人間関係のめんどくささはぐっと改善する**わ。

ただ、嫌な人間にも関わらざるを得ない時はあるものよね。その場合は、**関わるにして**

も**「距離を調整する」**ことをおすすめするわ。たとえば、電話に出る頻度、メールを返すタイミングなど、密に連絡をとらないだけで相手との距離を調整できるの。同じ家に住んでいるなら、会話を減らしたり、一緒に顔をあわせる時間を減らしたりするのも手ね。関わっていても、相手の存在が気にならない関係を目指すようにしてほしいわ。

そして、**最後は逃げることも大事**よ。電話をとらない。かけ直さない。SNSをブロックする。そんな小さなことでいい。どうしようもなければ、相手から逃げたっていいの。自分を守るために逃げることも、忘れないようにしてくださいね。

無理に「いい顔」なんてしなくていいの

「人間関係をうまくやらなくてもいい」のは、先ほどお伝えした通りよ。でも、「本当かな?」と、疑問に思う人が多いかもしれないわね。

「なぜ、人間関係をうまくやらなくていいのか」について一緒に考えてみましょう。

まず考えてみて。アナタが「人間関係をうまくやろう」と思うのはなぜ?

それは、「相手との関係を崩すことが怖いから」ではないかしら? うまくやろうと努力しないと、おそらく相手に嫌われる。少なくとも今の関係ではなくなる。だから、無理に「いい顔」をしてしまう、なんてことはない?

でも、うまくやろうとすると、アナタは相手の顔色をうかがうことになるわよね。そうすると、アナタは相手から下に見られてしまうの。対等な関係になれないから、その関係を続けても、いい結果にはならないのよ。

では、仮に「人間関係をうまくやること」をやめてみたらどうなるかしら？　たとえば、行きたくない飲み会を断ったり、嫌なことを嫌だってはっきり言ってみたりね。

おそらく、そうすることで、アナタが相手に対して抱いているネガティブな気持ちが伝わって、相手は露骨に怒るかもしれないわね。でもそれは一時的なもので、相手がアナタに悪いと思えば、**顔色をうかがう必要のない良好な関係性が得られる**の。ただ、相手の気持ちが変わることは、期待しすぎないほうがいいのだけど。

または、相手が離れていくこともあるかもしれないわね。その場合は、嫌な関係性が一つなくなるだけ。つまり、相手が怒るか離れていくか、どちらに転んでもいいことしかないの。**「うまくやろうとしない」ことが、アナタにとって最終的にはプラスになる**のよ。

どうなってもいい関係こそテキトーに

基本は、すべての人間関係においてうまくやる必要はないのよ。アナタにとっていい関係は、何もしなくてもいい関係であるはずだからね。むしろそのままでいい関係性なのに「うまくやろう」とすれば、逆効果になることが多いの。

たとえば、もともとうまくいっている関係性の人でも、アナタが「この関係を維持したい」と強く意識しすぎると、「相手の顔色をうかがう」ようになる。自然にしていたからうまくいっていたのに、逆にぎこちない関係になるのよ。それは相手にとっても同じこと。アナタの「うまくやろう」という思惑を、得体の知れないたくらみに感じて、疲れる相手だと思ってしまうわ。人間関係に不安の強い人は、こんな事態にも陥りやすいの。その結果「前は仲がよかったはずなのに、最近急にうまくいかなくなった」という悩みが生じることもあるわ。

もともとうまくいっていない関係性の場合は、さらに「うまくやらなくていい」の。この場合は、相手とそもそもあわないのよ。でも、執着やしがらみから、たまたまつながってしまっているのね。うまくやろうとするのは、まさにこの「執着」に他ならないわ。**本来どうなってもかまわない関係だから、テキトーに、自分の好きなようにするのが一番**よ。

この本では、人づきあいにおいてアナタを悩ませる「めんどい人・めんどい場面」に対処する考え方と行動を紹介するわ。それらを実践すれば、アナタは無理のない理想的な人づきあいができるようになるの。そうなったら、今よりもずっと生きやすくなるんじゃないかしら？

第2章

めんどい
キャラクターたち

2-1

いつもイライラしている人

- いつもイライラしているので、なかなか相談しにくい
- 相談しないで進めるのも、気にくわなさそう

イライラ、ピリピリした雰囲気が伝わってきてどうにも近寄りがたい人っているわよね。でも仕事などでやりとりしないといけないこともあると、気が重いわ……。

「イライラしている人」への対応は、相手を知ることから始めましょう。「イライラの原因」がわかれば対策も立てられるし、自分自身のイライラをコントロールするヒントにもなるはずよ。ここでは、イライラの原因を「現在」「過去」「未来」に分けて説明するわね。

「現在」の状況にイライラする人 ――ストレス耐性が低い人

人によって「ストレス耐性」には差があるの。同じ出来事でもストレスに感じる人もいれば、まったく気にならない人もいるじゃない？　ストレス耐性の高い人は、たいていのことはストレスにならないけれど、ストレス耐性の低い人はちょっとしたことでもダメージを受けてしまうもの。ダメージの受けとめ方にも個人差があって、不安になったり落ち込んだりする人もいれば、イライラする人もいるのよね。

現在直面している状況にイライラする人と接する時は、**その状況を「引き受けて」あげる**といいわ。たとえば、部下とのやりとりがうまくいかなくてイライラしている上司がいたら、「彼への連絡は、私がやりますよ」と言うなどね。観察していると相手の苦手な状況がわかるようになるから、それにあわせて対応すれば相手との信頼関係につながるわ。

もちろん、自分にできなさそうなことまでやらなくても大丈夫よ。

「過去」のことを考えてイライラする人 ――気持ちの切りかえが苦手な人

気持ちの切りかえが苦手な人は、イライラした後は、なかなか気持ちが戻らないの。今ではない過去のことにイライラしているから、周囲の人にとってはイライラの原因がわからず、ずっと不機嫌な人に見えてしまうわよね。

このタイプの人は、基本はそっとしておいて、**イライラが収まるのを待つ**のがいいわ。急ぎの用事ではないなら、話しかけるのをやめたっていいのよ。

どうしても今話しかけなければならない時は、別の話をもちかけて気持ちを切りかえさせる方法もあるわ。たとえば「コーヒーでも飲みませんか?」「ちょっと休憩しながらご相談させてもらえませんか」などね。行動や場所を変えると、目先の状況に気持ちが移るものだから、自然に気持ちを切りかえてもらえるはずよ。

「未来」のことを考えてイライラする人 ――予定外のことが苦手な人

先の予定を決めすぎて、それ以外のことが起こるとイライラするタイプね。常に「これはこうする」と決めてしまっているから、物事が予定通りに進んでいるか不安で、ピリピリしてしまうの。たとえ予定外のことが起こらなくても、何となく緊張感があるのよね。

このタイプの人には、**いろいろな可能性も含めて伝える**といいわ。「〇〇の場合は、△△になる可能性もあります」といった具合にね。前もって伝えておくことで、本人にとっては「予定外」の話ではなくなるから、心づもりができて、少し安心するの。

その他の理由でイライラする人 ——体調などが悪い人

その他の理由では、体調的な理由もあるわね。寝不足、空腹、疲れがある人は当然イライラするし（アナタもそうじゃない？）、月経周期に伴ってイライラする人もいるわ。

対策は、**様子を見守る**ことね。体調が悪い時にあれこれかまわれると、人はよけいイライラするものよ。また、相手を観察し、「空腹そうだな」などと状況がわかるなら、「差し入れをする」「小休憩をはさむ」などの相手を思いやった対応をしてあげてね。

イライラの理由を分析して、対策を練るのよ。

2-2

日によって機嫌が変わる人

- 機嫌がいい日は、笑顔で接してくれる
- 機嫌が悪い日は、あいさつなし、話し方にもとげがある

機嫌がコロコロ変わる人に振り回されて困ってしまうことはない？　でも、機嫌は誰でもコロコロ変わるものよ。試しに、自分を振り返ってみて。何かを思い出して不機嫌になったり、うれしい連絡を聞いてハッピーになったり、あるいは急にだるくなって何もやる気がなくなったり……。そうかと思えば、数分もすれば機嫌が変わっていないかしら？

では、機嫌がコロコロ変わってつきあいにくい人の問題点は何でしょう？

それはズバリ、自分の機嫌を隠さないこと。「機嫌を隠さない」といっても、大きく2パターンあるの。パターンによって対応が変わるから、それぞれ見ていきましょうね。

機嫌を隠せない人には淡々と対応しましょ

機嫌を隠そうと思っても隠せないタイプの人は、誰にでも同じ態度をとっているわ。機嫌がコロコロ変わる人には、一貫した態度でかまえて、**相手の機嫌にかまわずに淡々と対応することが大切**なの。相手が不機嫌そうでも、必要なことは伝えましょうね。機嫌がよさそうな時を狙うと、顔色をうかがうことになって、気分屋さんをエスカレートさせてしまうから、要注意よ。

相手が機嫌を出すことに無頓着《むとんちゃく》なのだから、アナタも相手に無頓着になればいいわ。相手が不機嫌だろうがご機嫌だろうが、「やるべきことを粛々《しゅくしゅく》と」。これが一番大切よ。

機嫌を隠そうとしない人とは距離をとって

相手が意図的に自分の機嫌を見せている場合ね。でも実は、誰しも少なからずこういう使いわけをしているものよ。たとえば、お客様対応している時は、イライラしていてもそれを相手に見せないわよね。でも家族なら、イライラを見せてしまう時はない？　つまり、相手との距離感によって、人は機嫌を隠したり、隠そうとしなかったりするの。

でもね、機嫌が悪いのを隠すべき場で、相手が機嫌を隠そうとしないなら、相手はアナタに対して不適切な距離感で接していると言えるわ。

相手が距離感を誤ってしまうのは、大きく2つの理由が考えられるわね。

1つ目の理由は、「アナタなら許してもらえるだろう」という甘えよ。特に仕事とプライベートの関係を一緒くたにしやすい人に多い行動ね。

この場合は、「仕事と関係のない話や雑談はあまりしない」「なれなれしい口調は使わず、敬語を使う」など、**距離感を自分から調整して近しくならない**のがいいわ。間違っても感情的になってはダメよ。機嫌を隠そうとしない人に、自分の不機嫌さを見せれば、単なる感情のやりとりになってしまうわ。

2つ目の理由は、「相手を委縮させてコントロールしよう」とするパワーハラスメントね。このケースは厄介よ。「粛々と対応する」「距離をとる」の対応は、このタイプにはあまり有効ではないことがあるの。とはいえ、まずはこれらの対策から始めてみて。

それでも対応が変わらなかったり、あるいは言動が悪化したりする場合は、**他の人に相談する**方法が有効よ。事を荒立てたくない人は、なかなかこの方法がとれない傾向があるけれど、それを見越したうえで相手がこうした態度に出ているかもしれないわ。負けないで！

また、同じコミュニティにいる場合は、他にも同じような目にあっている人がいる可能性もあるから、第三者に早めに相談しましょうね。どうにもならない場合は、そのコミュニティから離れることを考えてもいいわ。

機嫌で相手を振り回す相手とは、距離をとるの。「やるべきことを粛々と」で深追いしないでね。

自己中心的な人

- 人の話を聞かずに自分ばかり話す
- 指摘されても、「自分が正しい」と言って聞かない

自己中心的な人は、自覚がないの。こういう人に、「アナタは間違っている」「アナタは自己中心的だ」などと言っても伝わらないばかりか、よけいに関係性が悪くなるわ。

では、どうしたら自覚を持ってもらえるのかと言うと、それは相手が変わろうとしない限り無理ね。「もしかしたら私が悪いのかな」と、相手が少しでも思わなければ始まらないわ。**他人は変えられないので、ここは諦めましょう**ね。

でも、どうしようもないわけでもないわ。対応方法は主に2つよ。

「アイメッセージ」でアナタの気持ちを伝えるの

アイメッセージの「アイ」とは、英語の「I」のこと。つまり「私」を主語にして相手にメッセージを伝える方法よ。この伝え方をすれば、相手との関係性がうまくいくと言われているわ。この反対が「ユー（You）メッセージ」。つまり「アナタ」を主語にして話す方法ね。この方法だと相手との関係性が悪くなりやすいと言われているの。

例をあげてみるわね。冒頭の「アナタは間違っている」「アナタは自己中心的だ」という言い方は、「アナタ」を主語にした典型的なユーメッセージよ。**この言い方で角が立つのは、「アナタは〇〇だ」と決めつけているから**ね。ポジティブなことならいいけれど、ネガティブなことなら「なぜそう言われないといけないのか」と反発されてしまうわ。

これをアイメッセージにしてみるわよ。

「アナタは間違っていると、私は思う」「アナタは自己中心的だと、私は思う」なんだかイマイチね。これは言い方を変えただけで、ユーメッセージだからよ。「私は○○だと思う」をつけても、相手を決めつけている構造は何も変わっていないの。

大切なのは「決めつけない」ことよ。相手の行動を具体的に示して、自分はどう感じるのかを伝える。これが「アイメッセージ」を活用する時に必要な考え方になるの。

たとえば、頼み事に着手してくれない夫に「ユーメッセージ」で話す例を紹介するわ。

「ずいぶん前に頼んだのに、(アナタは)どうしてやってくれないの？」

この言葉を受けとった相手は、「片づけよう」と行動を起こすよりも、言われたこと自体にネガティブな印象を受けるのではないかしら。

一方で、「アイメッセージ」で話すと、次のようになるわ。

「こんな風に頼み事を放置されると、(私は)少し悲しくなるよ」

「もっと早く着手してくれると、(私は)うれしいな」

このように、ポジティブに言いかえる方法もあるわ。ただ、あまりソフトに言いかえると、相手がまったく気にしない可能性もあるから、時と場合によって使い分けたいわね。

精神科医も使うテクニック「枠組み設定」

「枠組み設定」は精神科医としてのテクニックよ。患者さんに定期的に受診していただいたり、お薬の量を守っていただいたりするから、患者さんとの治療関係には一定のルールがあるの。そのため、最初に必要なルールを明示して、「それが守られないと治療できませんよ」と約束をして、「枠組み」を設定しているの。

自己中心的な人と接する場合は、**相手の行動で許容できないことは先に伝えておき、それが守られなければ対応しないとはっきり言っておく**の。たとえば、「○日までに対応してもらわないと、その先を私が対応できないから、自分で進めてもらうことになるよ」などね。もちろん相手が約束を破れば、その通りに対応するの。もしそれで相手が離れていったとしても、それはそれでしかたのないことね。

一方的に決めつけられるのは、誰だって嫌よ。
それよりも、アナタがどう感じていて、どうしてほしいかを伝えるの。

人によって態度を変える人

- 「えらい人」にはゴマをすりすり
- 一方で、「下に見ている人」にはきびしい・冷たい

近しい人が、人によって態度を変える人だったら困るわよね。思っていたような人物ではないなら、信頼関係を築きにくいでしょ。では、どう対応するのがいいかしら？

実は、こういう人にどう対応するかより、**「自分がどう振る舞うか」のほうがずっと大事**なの。こういう人は、自分にメリットがあると思うから人によって態度を変えるのよ。

それなら、アナタは平等で正直に、堂々と振る舞って、アナタに態度を変えるメリットがないと示すの。ただ、相手と自分の関係性によって、アクションは少し変わってくるわ。

自分の立場のほうが上の場合

自分は人によって態度を変える人間ではないと、態度で示すことが大切ね。会社なら、朝礼や面談などを活用してもいいわ。後は隅々まで目を配り、目下の人に対して態度の悪い人にはちゃんと注意しましょうね。もちろん、自分が態度をコロコロ変えていてはいけないわ。**周りはアナタの言葉よりアナタの行動を見ている**ものよ。

また、「言葉だけで相手を評価しない」ことも大切ね。もちろん、無礼な発言などは許してはいけないわ。口がうまい人間と口下手な人間がいるけれど、相手の行動を見て、その人の考えを見定めましょうね。

自分の立場のほうが下の場合

この場合は多いし、モヤモヤするわよね。ただこの場合も「自分は平等で正直に振る舞う」という点では同じよ。いくら相手が「調子のいい言葉」を重視していたとしても、無理に相手をおだてる必要はないわ。そうすると、もっとモヤモヤするわよ。淡々とやるべきことをこなし、適度な距離感を持って対応するのがいいわね。

自分が同じ立場（会社なら同僚）の場合

その人を反面教師にしてしまえばいいだけよ。必要以上に媚びたり、一方で別の人にはきびしくあたったりしない人になればいいわ。それを貫けば、「人によって態度を変える相手」のことなんか、じきに気にならなくなるものよ。また、その様子をみて、その人が徐々に変わる可能性もあるけれど、他人のことはあまり期待しないほうがいいわね。

あまりに目に余るようなら、はっきり伝えてもいいのよ。ただ、ここでも「アイメッセージ」が大切ね。「部下に対しても、ていねいに話したほうがいいと思うよ」ぐらいのニュアンスがいいかしら。もちろん、無理に言う必要はまったくないのよ。

これまでケース別に話してきたけれど、**一番大切なことは「自分軸」**よ。自分軸とは、「自分が納得して自分の行動を決めること」。対する他人軸は、「他人の評価を気にして行動すること」。つまり、**アナタが納得するように自分の行動を決めればいいし、他人軸で動いている人のことを気にしすぎない**ことが大切なの。下の立場の人に対する態度が本音で、上の立場の人に対する態度は、評価を上げるための建前なの。アナタがモヤモヤしているその人自身も、たいして幸せではないと思えば、モヤモヤが多少は落ち着かないかしら？

さらに、「利害関係のないつきあい」を心がけてみましょうね。相手によって態度を変える人は、基本的に利害関係で動く人よ。アナタ自身が利害関係のないつきあいをしていると、利害関係のある人とない人の言動の違いがわかるようになってくるわ。

また、そうした関係性が人間関係のモヤモヤを癒してくれて、人によって態度を変えるような人をどうでもよく思えるわ。アナタ自身の人間関係を健全にすることが第一ね。

アナタ自身が「人によって態度を変えない人」になるの。見ている人はちゃんと見ているわ。

2-5

かまってほしくて連絡が多い人

- 用事はなくても、LINEなどで頻繁に連絡をする
- 「今ヒマ？」が口グセ

LINEやSNSでやりとりするのがめんどうな相手っているわよね。めんどうになりやすいのは、「使い方のルールが決まっていないから」よ。昔からある電話やメールは、「共通認識」や「常識」がある程度形成されているけれど、比較的新しいLINEやSNSは人によって使い方がまちまちなの。連続して送る人もいれば、数日に一度しか返さない人もいる。既読をつけて放置の人もいれば、あえて既読をつけない人もいる。スタンプしか返さない人も、スタンプを使わない人もいる。このように、人によって使い方が違うことで、誤解が生まれているの。

LINEは基本的に返さず、既読をつけるだけのAさんを例にあげるわ。Aさんの認識では、既読をつけて「LINEを読んだよ」と伝えているの。一方で、Aさんが既読をつけても返信しないことに対して「なぜ返事がないの？ 失礼だな」と思う人もいるかもしれないわ。あるいは「Aさんに嫌われているのかな？」とネガティブにとらえる人もいるでしょう。

このように、**人にはそれぞれ「常識」があって、他人との「常識」にギャップを感じた時に、人間関係がこじれやすい**のよね。それをふまえて、**「自分のルールで動く」**ことが大切よ。具体的には次のアクションをおすすめするわ。

相手のペースにかまわず「自分のペース」で返信するの

たとえばＬＩＮＥのように連絡が立て続けに来ても、それにずっと返事をする必要はないわ。やりとりが続いても、急に途切れてもいいの。その時に、「これから手が離せないから返事できないよ」と断る人もいるけど、まずは何も言わなくてもいいわ。

「かまってちゃん」は、無意識に相手を振り回そうとするの。アナタ自身のルールで動く時にいちいち断りを入れていたら、毎回断りを入れないと、相手に納得してもらえなくなるわ。だから、最初は断りを入れない。

もちろん、聞かれたら「こういう風にしているんだ」と答えてもいいけれど、自分からは言わないの。こうすると、相手はアナタの気持ちを考えるようになって、「かまってちゃん」が軽減される可能性があるわ。もちろん、何も変わらなくても、それはそれでいいの。**他人のことだから、期待しすぎないほうがいい**わ。大切なのは、アナタが振り回されない人でいることよ。

「自分のルール」を説明するの

アナタのペースで返信することに対して、相手が不満や怒りを伝えてきたり、不安になったりするなら、その時はアナタのルールを伝えてもいいわ。「2、3日に一回しか返さないことがあるんだ」ぐらいのニュアンスでね。

説明しても納得しないで、自分のルールを押しつけられそうな場合は、一切相手にせず、何を言われても自分のルールで動いていいわ。「うるさいから、嫌だけどこまめに返そう」なんて思わなくていいの。「かまってちゃん」は、マイペースな人は苦手だから、途中であきらめてくれるはずよ。たとえ疎遠になっても、**「相性が悪いのだから、これでお互いよかった」**と考えるといいわね。

たいてい、この二段階で「この人はこういう返信のしかたなんだ」と相手が理解してくれるはずよ。また、アナタ自身も相手のＬＩＮＥの使い方に不満を覚えるかもしれないわね。それもお互い様よ。気にしないことが一番の方法なの。

「かまってちゃん」には、アナタが自分のペースを守ることが特効薬よ。

2-6

距離の詰め方が下手な人

- 必要以上によそよそしい
- 距離の詰め方が近い、なれなれしい

人づきあいにおいて、ある程度の緊張感はあったほうがいいけれど、それがあまりにも極端だと疲れるわよね。以前親しく話した人に、次に会った時に「知らない人」のように振る舞われて、モヤモヤしたことはないかしら？

緊張をほぐすために、講演会やセミナーではよく「アイスブレイク」が使われるの。この方法を普段の会話でも応用してみましょう。アイスブレイクには、自己紹介やちょっとしたゲームなどさまざまな方法があるわ。日常的に使えるアレンジを紹介するわね。

アナタが「どんな人」かを伝えるの

アイスブレイクで一番よく使われていて、簡単にできるのが自己紹介よ。すでにお互いを知っているなら、今さら自己紹介するのも妙かもしれないけれど、このエッセンスを「自己開示」として応用できるわ。「実は○○が好物」「○○が苦手」などと**「自分がどんな人間か」を小出しにする**の。

雑談の中で自然とこうした会話ができれば、相手も乗ってきやすくなるものよ。「先輩もですか？　私も苦手で」などと話し始めたら、打ち解けるのも時間の問題ね。

アナタが自己開示をしても相手が無口なら、いっそ話を振ってみるのはどうかしら。まずはオープン・クエスチョンから始めましょうね。オープン・クエスチョンとは、「はい・いいえ」では答えられない、自由な答えを求める聞き方よ。たとえば「〇〇さんはどう思う？」「〇〇さんは何が得意？」といった感じね。話が広がりやすい聞き方なの。

ただ、言語化が苦手などでよそよそしいタイプの人は、話を振ってもなかなか答えられないことがあるわよね。でも、ここでイライラしないようにね。おそらく相手はがんばって話そうとしているわ。

自分の考えや感想をすぐ言葉にできる人とそうではない人がいるの。言語化が苦手な人は、自分の感情の整理に時間がかかっていたり、その表現のしかたを見失ったりしているわ。決して、何も言おうとしていないわけではないから、見守ってあげて。

言語化が苦手な人と話す場合は、**「はい・いいえ」で答えられるクローズド・クエスチョン**から聞いてみて。「〇〇は好き？」「これは得意かな？」といった具合にね。答えやすい質問から、だんだんと慣れてもらうのよ。

アイスブレイクには、参加者でちょっとしたゲームをする方法もあるわ。日常では「共通の体験をする」という方法にアレンジしてみましょうか。

どんな体験でもいいのよ。一緒にランチやお茶をしてもいいし、（職場にもよるでしょうが）

一緒に営業やあいさつに回るのもいいわね。もちろん無理強いはいけないけれど、同じことを体験することによって、親近感が増していくものよ。

「適切な行動」に反応して、NOを伝えるの

不必要なお世辞を言ったりなれなれしかったりするなど、相手の距離の詰め方が不適切なタイプの人の対策も紹介するわね。

不要なお世辞やなれなれしい言動には、それを言われた時に軽く受け流すようにする。そして、相手が望ましい言動をした時には、ほめたり喜んだりするのがいいわね。とてもシンプルだけど、一貫性を持って行なうと、状況をかなり変えてくれるわ。

距離感には個人差があるの。相手の距離感に疲弊しないように、できるところから調整してね。

2-7

やる気がなく人任せな人

- 「誰かがやってくれるでしょ」と思っている
- この人が出現するのは、「新年会の幹事を決める場」など

「人任せな人」は確かにイラっとするけれど、実は「自分がつくり出している」面もあるのよ。なぜかというと、人間関係は必ず相手がいて成立するからよ。相手と対になる自分も、その「めんどい関係」を構築しているの。

アナタがしびれを切らす必要はないわ

右のイラストで挙げた「新年会の幹事を決める場合」の例では、おそらく誰も幹事をやりたがらないのよね。やってもいいという人がいても、積極的にやりたくはない。とはいえ、幹事は誰かがやらなければならない。このような時、周りの人はどう考えるかしら。

「きっと○○さんがやると言うだろう」

多分こう考えるわよね。そして、もうおわかりでしょうが、○○とはアナタのことよ。誰も名乗りをあげなければ、きっとアナタがイラっとしながらもやるに違いない。そう思われているの。だから誰もやろうとしない。そして、案の定アナタがやり出すのよね。

つまり、アナタの言動によって、周囲の言動が決まってくるの。だから、アナタの言動を変えればいいだけよ。この場合だと、**アナタが決して幹事をやらなければいい**だけ。周りがやってほしそうにしても、気にしない。誰かが「○○さん、やらないの？」なんて振ってきても、「毎回私がやっているから、今回はやめておくね」とでも言えばいいの。しびれを切らす必要もないわ。新年会ならば、やらなくても別にどうってことない。それぐらいの気持ちで、アナタも誰かがやろうとするのを待っていればいいのよ。そうすれば周りの対応も変わってくるわ。他の誰かがやると言うかもしれないし、このまま新年会がなくなるかもしれない。それはそれでいいじゃない。**少なくともアナタがやって当たり前にはならないし、そのことでアナタがイラっとすることもない**わよね。

でも「新年会がなくなるのも、宙ぶらりんになるのも嫌だ。それぐらいなら自分がやる」というのであれば別にやってもかまわないわ。この場合は自分が納得しているから、なし崩し的にアナタがやる場合よりはイラっと来ないでしょう。つまり、これは周りの問題ではなく、アナタの「自分軸」の問題なの。

「他人の評価」よりも「自分の納得感」よ

自分軸とは、「自分が納得して自分の行動を決めること」。対する他人軸は、「他人の評価を気にして行動すること」。他人軸で行動する人は、行動する時に「自分の気持ち」は後回しなの。つまり、自分の気持ちを抑圧して生きることになるから、ストレスもたまり、幸福感もなかなか得られないのよ。

「自分が納得していないのに、自分が幹事をやる」という行動は、まさに他人軸。これを自分軸に変えれば、それで済む話なの。自分軸で行動するためには、**行動にうつす前に、「自分はどう思うのか（納得しているのか）」考えるクセをつける**ことがおすすめよ。

他人軸になりやすい人は、自分の気持ちを後回しにすることに慣れていて、後でモヤモヤしてしまうのよ。常に「自分はどう思うのか」と考えるクセをつけましょうね。

そのうえで、何かを決断して行動にうつす前に、最終チェックをしましょう。改めて自分に問いかけるの。もし自分が納得していなければ、決して行動にうつしてはいけないわ。自分が納得するまでじっくり考えて待つの。そうすれば、自然と周りの対応も変わってくるはずよ。

納得してないのなら、やっちゃダメ。
やったということは、アナタが納得していると見なされるのよ。

2-8

やたらとネガティブな人

- グチ多め。口を開けば、グチばかり
- 「でも」「だって」が口グセで、「できない理由」を探しがち

やたらとネガティブな人はズバリ、「私のグチを聞いてほしい」だけよ。だから、アナタが答えても、「でも」と言って聞き入れないの。聞き入れてしまったら話が終わってしまうもの。ある程度の関係性ができていれば、「グチ聞いて！」「しょうがないな」なんてやりとりもできるけど、そこまでの関係性はできていない。でもグチを聞いてほしい。かまってほしい。そんな時に出てくる言葉が、「ちょっとお茶しない？」「相談に乗ってくれる？」なのよ。

こういった人に言葉をかけても相手は納得せず、「どう答えればいいんだ！」とイライラするのよね。相手がこんな人だとわかったら、「グチを聞いてほしいんだな」と解釈して、対策を考えてみましょうね。

「タイミングをずらすだけ」で、相手はどうでもよくなるものよ

グチを聞いてほしい人は、たいてい衝動的で、今すぐグチを聞いてほしいの。だから「今ちょっといい？」「今晩時間空いてる？」のような切り出し方をするわ。あるいは突然電話をかけてくるかもしれないわね。グチはストレス発散だから、ストレスがたまった「今」でなければいけないの。

逆に言うと、**グチを聞きたくなければ「今」対応しなければいい**の。「今は予定があわ

ないから、来週どう?」などと聞き返してみると、「わかりました」「また連絡します」などと相手が引くのではないかしら。本当の相談であれば、「今」話せなくてもスケジュールを調整してくれるはずよ。その場合はお話を聞いてもいいかもしれないわ。

断る理由はいらないわ

グチを聞いてほしい人は、基本的に自分がスッキリしたいだけなの。だからスッキリするまで話そうとするのよね。さらに厄介なことに、こういう人は相手の時間を奪うことに無頓着だから、かなり長い時間グチを聞かされることもあるわよね。

話を聞くならば、**しっかり時間を区切って「限度」を伝える**のも大切よ。そして、この「限度」は最初に提示しておきましょうね。意外と話が弾んでアナタの気持ちが変わったとしても、「限度」は超えさせないことが大切なポイント。これは、精神科の診察やカウンセリングでもよく用いられる「枠組み設定」の応用よ(37ページもご参照くださいね)。

具体的には、「1時間だけなら話を聞けるけど、それでも大丈夫?」「夜7時には家を出るから、それまでにしてね」など。ここでの「枠組み」は、**「1時間(制限時間)」「夜7時(タイムリミット)」**よ。

この時、「仕事があるから」などと理由をつけたくなるけれど、理由はつけないほうがいいわね。理由をつけることで、「理由がなければずっと聞きますよ」と相手は受けとってしまうかもしれないわ。すると、今後も何らかの理由をつけなければ断れない雰囲気となり、かえってめんどうよ。**アナタの時間はアナタのもので、断る理由なんていらない**の。

「相手から離れる」のも大切な選択肢よ

ここで紹介した方法で、たいていは「毎回はグチにつきあってくれない人だ」と相手が察して、適切な距離感をとってくれるわ。でも、中にはまったく通用しない人もいるし、「話を聞いてよ！」なんて逆ギレする人も出てくる場合もあるわ。

そうなったら、相手から離れるのも大切な選択肢よ。その前に**「グチが多いのは苦手なの」とはっきり伝えたり、あまり連絡をせずにフェイドアウト**したりしてもいいわね。

グチの多いネガティブな人は疲れるけど、アナタの自分軸を保ってつきあってね。

グチを聞くのが嫌なら、逃げる、避ける、断る。
徹底して聞かなくていいわ。

2-9

ポジティブを押しつける人

- 一見、明るくて行動力がある「いい人」
- 「元気の押し売り」をしてしまう（無自覚？）

ポジティブな人に疲れるのは、実はポジティブさが原因ではないのよね。同じ「ポジティブな人」でも「周りを元気にさせる人」と「周りを疲れさせる人」がいるでしょう？　これは「ポジティブを押しつけるかどうか」の違いよ。

ポジティブを押しつける人は、相手のネガティブを頭ごなしに否定しがちなの。つまり、本人はポジティブだけど、やっていることはネガティブとも言えるわね。仮に悩みを話しても、相手は心の奥底で「たいしたことない」と思っているから、軽い反応になるわ。場合によっては、心の奥底どころか直接口にする人もいるわよね。

こういう人は、「ポジティブ・マウンティング」をしているわ。「（私はポジティブに考えられるのに）何でそんなにネガティブなの？」という感じね。そうした人には、あまり関わらないことが大切よ。**関わる時も深追いせず、「そうですね」と聞き流して**しまいましょう。相手が明るく振る舞うとまともに聞きそうになるけれど、テキトーでいいの。

社交性に自信がなくても落ち込まなくていいの

どちらかと言うと、こういう人への対策よりも**「社交的な人に嫉妬してしまう自分」に目を向けたほうがいい**わ。実は、アテクシも結構クヨクヨしたり、不安になったりとネガティブ寄りなのよね。友だちも多くはないし、友だち関係を維持するのはあまり得意ではないの。若い時はそうした自分にガッカリもしたけれど、「社交的な人に嫉妬しない考え方」がわかったら、だいぶ気がラクになったわ。

人それぞれ個性があり、考え方も感じ方も価値観も違うものよ。また、その情報を相手が全部正直に話してくれるわけでもないわ。外部に出てくる情報から、その人の内面を察して関係性をつくるの。誰かとコミュニケーションをとるのは、たくさんの情報を処理するのと同じで、難しいのよ。だから、社交的に振る舞えるのは、簡単で当たり前のことではないの。それは特別な才能で、それができなくてもアナタに人間的な魅力がないわけではないのよ。魅力的だけど社交的ではない人はたくさんいるわ。それで落ち込む必要なんてないわ。

「社交的な人」はなぜ社交的なのかというと、人間関係を無意識に、さらりと維持できる才能があるのよね。世の中には語学やスポーツなど、ある領域に突出した才能をもつ人がいるけれど、それと同じように社交的な人がいるの。たとえアナタが**社交性に自信がなくても落ち込む必要はなくて、自分の得意な領域を伸ばしていけばいいだけ**なのよね。

自分に適した人間関係の「量と質」を考えましょ

「社交的な人の交友関係が、もし自分の交友関係だったらどうだろう？」と考えたことはあるかしら？

いざ考えてみると、実はそれほどうらやましくないことに気がつくはずよ。たくさんの人と常に連絡をとりあう。さまざまなイベントに誘ったり誘われたりする。予定はポンポンと埋まり、自分一人でゆったりする時間もない。そうした状態は、アナタが本当に望むことかしら？

社交的な人はそれが当たり前で楽しいだけなのよ。アナタからしたら億劫《おっくう》でめんどくさいことも、そう思わないだけ。つまり、**心地いい人間関係の量と質が、根本的に違うだけ**なのよね。アナタはアナタにあった人間関係を構築すればいいだけなのよ。

ポジティブの押し売りも、不要なら、お断り。
そして、ポジティブじゃない自分も受け入れましょ。

言葉に行動が伴わない人

- 一見やる気があるから、こちらも信用してしまう
- ログセは「できます」「やれます」

「誠実さが大事」とよく言われるけど、「誠実さ」って何かしら？
「誠実さ」は「言葉と行動を一致させること」と言えるわ。逆に言うと、言動が一致しない人は、「不誠実な人」とも思われるの。

言葉と行動が一致しないと、本人が損をするの

誠実な人は、不誠実な人が嫌いよ。自分は言ったことを守るのに、相手は守ろうとしない。それはストレスだし、バカバカしいわよね。自分が誠実でいるために、相手にも誠実さを求めるの。だからアナタが誠実であれば誠実な仲間が集まってくるのよ。誠実な仲間であれば、さまざまなことを協力できて、より大きなことが確実に実行できるようになるわ。

また、誠実な人は、今の自分を冷静に見つめることができるもの。**言ったことを守るためには、今の自分にできること、できないことを見据える**必要があるわ。

一方で、言動不一致な人は、実際の能力以上に自分は優れていると思いがちよね。それは自分にできるかどうかを考えず、発言するクセがあるからなの。不思議なことに「できます！」と言うと、実際できていなくても、できるようになった気分になるのよね。

アテクシは、幸せに生きるためには「自分軸が大事」とよく言っているけれど、現実の自分がわかってないと、自分が納得した選択はできないと思うの。そういう意味でも言動を一致させることは大切なのよね。

言動が一致しない人は、結局は本人が損をすることが伝わったかしら。言動が一致しないと、誠実な仲間もできず、等身大の自分もわからない。だから自分にできることとできないことの区別もつかない。どう目標を立てていいのかもわからない。言動が不一致なことへの報いは本人に返ってくるから、アナタがイライラする必要はないのよね。

「できない」ことを前提にすればイライラは減るのよ

言動が一致しない人への対策はズバリ、**「本人ができると言っても、信じない」**ことよ。「できない可能性もある」ではなくて、「できない」と思ったほうがいいの。

ただ、こういう人は現実の自分が受け入れられないから、「〇〇なので、まだできていません」などと、必ず言い訳を入れるもの。このように物事をやりくりしてきた結果、「きちんとできました！」という結果がほとんど得られなくなっているものよ。

だから、「できないかもしれない」ではなくて「できない」と思って対応してくださいね。重要な仕事を任せたり、頼んだ仕事も任せきりにしたりしてはいけないわ。必ず誰かがチェックを入れるようにするの。

もし仮にできたとしても、次回から任せきりにするのも危険よ。自分への見込みが甘いから、任せきりにした途端にできることもできなくなるわ。最初から「できない」と思っていれば、イライラすることも減るのよ。

言動が一致しない人は「小さな行動」から見抜けるわ。たとえば約束の時間に遅れる。遅刻は遅刻なのに、「今は○○にいます」と言って、もうすぐ着くかのような言い訳を入れる。お金を払うべきところを忘れる、払おうとしないなどね。時間とお金の使い方が「不誠実」な人は、言動が一致しない可能性が高いのよ。

「誠実」な人間関係を築くには、自分が「誠実」でいなくちゃね。

第3章

会話がめんどい

否定から入る人

- こちらの意見は、まず否定
- ログセは「いや」「でも」「だって」

何があってもダメ出ししたい人もいるのよ

若手の頃、アテクシの報告にいつも否定から入る上司に困らされていたわ。そのせいで、報告すること自体が怖くなってしまったの。もちろん、報告しないわけにはいかないから、いつもびくびく報告していたのだけど。その時の経験のおかげで、今のアテクシはだいぶ動じない性格になったのよね。

そんなアテクシの経験上、「否定から入る人」は、何があってもダメ出ししてくるもの。ごくまれに何も言うことがないと、なぜかとても不機嫌そうなのよね。

だから、**「今回はダメ出しをされないだろう」と期待しないほうがいいわね。** 否定ばかりする人に疲れるのは、「今回は何も指摘されないのではないか」と期待してしまうからよ。「今回はよくできた」と思って報告しても、結局は否定されて落ち込む、という流れなの。

ダメ出しなんて、やろうと思ったらいくらでもできるのよ。時にはそれがエスカレートして理不尽な指摘にもなるけれど、反論しても意味はないわ。だから、ただ聞いていればいいの。**相手が自動的にダメ出しをするのなら、こちらも自動的に報告して、自動的に**

「音として」聞けばいいわ。もし報告をしないと、さらに突っ込まれてめんどうなことになるからよ。

ここでは、話を聞く時にやらないほうがいいことをお伝えするわね。

「思ってもいないこと」は言わなくていいのよ

相手のダメ出しに対し、ゴマをすってはいけないわ。本当はうんざりしているのに、「こんなこと思いもしませんでした！　さすが○○さんです」などと、ゴマをすってしまう人がいるわよね。そうすることで、相手との関係性を良好にしようとしても逆効果よ。

ダメ出しする人は、ダメ出しすることで自分の立場を守りたがっているわ。自分のほうが上の立場であることを確認しようとする、一種のマウンティングよ。それにあわせると、相手は機嫌がよくなるけれど、相手にいい思いをさせていることにもなるわよね。

つまり**ゴマをすって相手をおだてあげるのは、さらにダメ出しを増やすことになる**の。もちろん、アナタが本当に「これはすごい指摘だ」と思うなら、言っても問題ないわ。

「反論」は得策じゃないわ

あまりにも理不尽な指摘に、その場で反論したくなるかもしれないわね。でも、それは得策とは言えないわ。**反論したところで、相手が納得して引き下がることはまずない**もの。そもそもダメ出しは、話がかみあうことのない一方的な指摘なの。話が通じない相手に反論しても、意味不明に反論されるか、感情を爆発させられるだけよ。

「否定から入る人」への基本的な対応は、**期待をせず淡々と聞く**ことよ。たいていはそれで落ち着くけれど、たまに相手がエスカレートしてパワハラになるわ。その時は、相手の発言を記録するの。話が終わった直後にメモをとるのでもかまわないわ。

そして、会社で上司から執拗に「ダメ出し」をされた場合は、指摘した上司ではなく、より上の立場の人や他の上司に相談するの。「○月○日に、△△と言われました。どうしたらいいでしょうか。困っています」という感じにね。つまり、**一線を越えた場合は、周りを巻き込んで、アナタ以外にもその状況について把握させる**ことが大切なの。

どんな相手でも、納得いかないことは、同意しちゃダメ。ていねいに対応するけど、服従しない。この精神よ。

3-2

自分の価値観を押しつける人

- 自分と異なる行動や意見を否定
- ログセは「○○すべき」「△△したほうがいい」

自分の価値観を押しつけてくる人は、たいてい無自覚よ。相手にとっては「親切なアドバイス」のつもりだから、よけいに不満を表明しづらいのよね。でも、頭ごなしに相手のアドバイスを拒否するのも角が立つ。相手はよかれと思って言っているから、それを否定されると「せっかくアドバイスしたのに」と怒りに転じやすいのよね。

そして、この**「アドバイスしてあげた感覚」は、「私のほうがよくわかっている」という考えが前提の、無意識のマウンティング**よ。本来、アドバイスは「聞かれたらするもの」なのに、向こうから勝手に言ってくるのはそうした理由なのよね。

ここでは、自分の価値観を押しつけてくる人への対応を紹介するわ。

アドバイスに納得したらとり入れて（そうでなければ聞き流す）

まず、一番手っとり早いのは「そういう考え方もありますよね」と聞き流す方法よ。**相手のアドバイスが参考にならなければ、「ありがとうございます」「教えてくれて助かります」などとお礼の言葉を言わなくていい**わ。価値観を押しつけてくる人はたいてい鈍感だから、「相手が喜んでくれた」と思ってエスカレートすることがあるの。

また、アナタが納得していなければ、相手の意見をとり入れる必要もないわ。これをすると、**アナタの「自分軸」が守られなくなる**わ。自分が納得したように行動できず、相手の顔色をうかがって行動する「他人軸」になってしまうの。それでは相手との関係性が息苦しくなるし、相手の意見にあわせる自分にも嫌気がさすでしょう。

一方で、納得したものをとり入れることも大切よ。相手のアドバイスがすべて納得できないというわけではないでしょう。何が何でも相手の意見をとり入れないと決めてかかると、相手はアナタの中に「悪意」や「敵意」を見出してしまうかもしれないわ。たとえ押しつけがましい相手でも、「これはいいな」と思う意見があればとり入れてみる。これは「自分軸」の判断よ。

この2つの対応を組みあわせれば、**「相手からアドバイスされたら、納得できるものは採用し、納得できないものはとり入れない姿勢」**が相手に伝わるの。すると相手はあまり自分の価値観を押しつけてこなくなるわ。「私はこう思うんだけどね」とやわらいだ言い方をしてくるなど、相手はアナタの意見を尊重してくれるはずよ。

「アナタの役に立っている」と相手に思わせないの

そもそも、相手が価値観を押しつけようとする原因には、**無意識にアナタが相手にあわ**

せすぎている可能性があるわ。相手の意見に納得していなくても「ありがとうございます」「とり入れます」などと言っていないかしら？ それでは、相手はアナタの役に立つと思って、自分の意見をますます押しつけてくるわよ。アナタの反応が相手への「報酬」になっている状態ね。ある行動をしてうれしい結果になれば、相手はどんどんそれを行なうようになるわ。でも、自分の価値観を押しつけても、相手が意見を採用するとは限らないなら、その「報酬」は得られない。そうすると、本当に必要な時にしか相手は意見を言わなくなるわ。

それでも相手が価値観を押しつけてくるなら、その時は「自分はこれがいいと思うから」とはっきり言ってもいいわね。それで離れていくなら、それだけの関係よ。

押しつけられても、基本は受け流す。自分のまな板に乗せて考えるの。

3-3

相手を丸め込もうとする人

- 頭の中は、「相手を言いくるめて自分の意見を認めさせたい」
- まったく違う話を差し込んで、論点をずらすことも

話の問題点を微妙にすりかえながら、自分が正しいと言わんばかりの人っているわよね。こういう人は2タイプいるわ。

アナタ一人で立ち向かわなくていいの

まずは、「自分が正しいと思っていてあまり論理的ではないタイプ」よ。最善策は、あまり話さないことよ。できれば、そもそも議論をする流れに持ち込まないのがいいわ。ただ、めんどうだからといって、相手の言うことを肯定してもいけないのよ。**「肯定もせず、否定もせず」**がちょうどいい塩梅ね。

どうしても議論しなければいけないなら、違う人を巻き込むようにするのが一番いいわ。何か交渉しなければいけない時は、違う人を窓口にしましょうね。

また、自分の側も自分一人ではなく、他者も巻き込み、「チーム」として対応するのがいいわね。こういう人は、勢いや感情で動いているので、こちらの人数を増やすだけで「話しにくい」と感じ、トーンダウンしやすいの。

次は、「有利に事を運ぶために、あえて論点をすりかえるタイプ」よ。「本当に正しいと思っている人」とは異なり、論点がずれていることを自覚しているわ。この場合は、論点ずらしが通用しないと思わせればいいの。

こういう人たちは、対話による議論のメリットとデメリットをよくわかっているわ。対話の場合、過程の記録が残らないから、「そこで出た結論がすべて」になるのよ。つまり、話がずれても指摘されないことをわかったうえで、論点をすりかえているってわけ。

やりとりは「文面で簡潔」に

対策は、**対話ではなく文面で話しあいをする**ことね。メールやチャットなど、話の流れが残るものでやりとりをする。文面のやりとりになれば、対話のメリットはほとんど生かせないし、論点もずらしにくくなるわ。

さらに文章でのやりとりを生かすには、**「最初に、要点を箇条書きで書いておくこと」**もとり入れてほしいわ。会話で論点ずらしをする人は、都合の悪いことは聞き流すことがよくあるの。箇条書きにして、かつ番号も振っておけば、「②についてはどうですか?」などと問い詰められるので、相手は逃げにくくなるわ。

また、相手に気をつかいすぎて、遠回りな書き方をするのはよくないわね。たとえば、相手も忙しいかと思って「〇〇さんが着手できる時に着手してください」と言うよりも、

「3日後の午前11時までにお願いします」と言ったほうがいいわ。わかりにくい文章になれば、相手は「わかっていないフリ」ができるの。**簡潔な表現を心がけましょう**ね。

できれば最初から文面でやりとりするのがいいけれど、話し始めている場合は、「なかなか話がまとまらないから、後はチャットでやりとりしましょう」と打ち切ってしまうのも手ね。

また、相手が「自分が正しいと思っている人」か「あえてこういう話し方をしている人」かわかりづらい場合は、どちらの対策も行ないましょう。まず他人を巻きこみ、できるだけ文章でやりとりする。それで何とかなると思うわ。

丸め込ませないために、できることから始めましょ。
まずは文面で証拠を残せば大丈夫。

頑固な人

- 話しあいに納得せず、自分の意見を必ず通そうとする
- 話を終わらせるには、こちらが折れるしかない

今までも触れてきたように、人は行動パターンを「学習」する生き物よ。つまり、「困った人」は、その人の性格というよりも、学習した結果として「困った人」になっているの。学習とは、どのように行動すれば、より望ましい結果になるかを経験によって知っていることを指すわ。

「頑固な人」の場合は、「頑固な言動をしたら、より望ましい結果になる」と学習してきたことになるわ。考えてみて。この人を相手にした時、結局アナタが折れているわよね。相手はここで、「自分が一歩も引かなければ相手が折れる」と学んでいるってわけ。

「頑固な人」にめんどくささを感じたら、**「一歩も引かなければ、悪い結果になる」ように仕向ければいい**の。具体的には次のような方法が考えられるわ。

納得した話しあいができるまで結論を急がないで

「今回の話はなかったことにします」「違う方にお願いします」とお話を撤回する方法もあるわ。ただし、「相手も話を進めたいと望んでいるが、条件を妥協しない場合」にのみ有効だから、いつでも使えるわけではないけどね。相手は「何が何でも最後は折れてくれるだろう」と思っていても、それが通用しないなら相談に乗らざるを得ないわ。

仕事が早い人は、早く決着をつけたいあまり、うまく交渉できないことがあるわ。急ぎの案件はしかたないけれど、**「早く決着させたいだけ」ならばのんびりかまえることも大切**よ。「あの件はどうなりました？」と相手から連絡が来るなど、相手が焦り始めたらしめたもの。「条件があわないので止まっています」とのんびりお返事すれば、相手から折れてくるかもしれないわ。鳴くまで待とうホトトギス、よ。

最終手段は「条件の見直し」よ

「話を撤回する」「結論を急がない」が通用しない、相手にとって乗り気ではない話なら、「条件の見直し」を検討する必要があるわ。

相手が折れないから条件を見直すのでは、アナタが折れたのと変わらないわ。今回の交渉では諦めて、次に同様の話を持ちかける時には、見直した条件を提示するのがいいわね。

つまり、「アナタが折れないから、こちらが折れたわけではありませんよ。考えた結果ですよ」という意思表示よ。条件を見直すにしても、自分が納得して見直す「自分軸」が必要なの。アナタが納得してなければ、条件を見直す必要もないわ。これぞ駆け引きね。

相手の「譲りたくない部分」を聞いて歩み寄るの

今まではちょっと毛並みの違う、相手の意見を聞く方法も紹介するわ。

あからさまに「条件交渉モード」になると相手は警戒し、さらに頑固になるものよ。そうであれば、**「アナタはどうしたいですか」「どうお考えですか」と聞いて、自由に話してもらう**。それにより「しっかり自分の話を聞いてくれるのだな」と相手の心をやわらげるの。そのうえで、「ご意見をふまえて○○しましょう」と提案するのはどうかしら？ 頑固な人は、アナタが「この人は頑固で嫌だな」と感じているネガティブな気持ちに過敏に反応するわ。相手の本音を聞く心持ちが伝われば、交渉はきっとうまくいくはずよ。

頑固になってもいい結果が起きないことを伝えるの。

3-5

話の揚げ足をとる人

- 言い間違いを指摘することが生きがい？
- プライド高めで、自分が揚げ足をとられるのは嫌

揚げ足をとる人は、「言い間違い見つけた！」という感じで無邪気に指摘していることが多いの。また、「指摘すれば、場も盛り上がる」と勘違いしている可能性もあるわ。それらを踏まえたうえで、このような対策はいかがかしら。

「そういう指摘、あまりうれしくないよ」とはっきり言うの

揚げ足をとる人は、相手が嫌がっていることをなかなか理解しないわ。「そんなことで怒りませんよね」というノリで、笑って言えば何とかなると思っているの。だから、遠回しに言っても伝わらないわ。**はっきりと短く注意する**のが一番よ。

子どもに注意する時のことをイメージしてみて。相手が怒らないように「そんなことしたらダメだよ～」とやさしく注意しても、なかなか子どもは守ってくれないわよね。逆に、メリハリをつけて端的に「それはいけない」と注意をすればきちんと伝わるのよ。

つまり、**嫌だとしっかり伝えて、今までの楽しい雰囲気をぶった切るような切りかえが大事**よ。そうすると、相手は揚げ足をとることを諦めるわ。

ただ、ネチネチと引きずってはいけないわ。しっかり言えたのなら、本気で怒っていることは、ちゃんと伝わっているのよ。注意点は、本気が伝わっても、こういう人は忘れる

のも早く、なかなかやめてくれないこと。根気よく、何度も伝えていきましょうね。

「反応しない」が一番よ

相手の揚げ足とりに反応せず、スルーすることも大切なの。**「スルー」とは、無視をするわけではなく、揚げ足とり部分にだけ反応しない**ということよ。

こういう人は空気の読み間違いをしている可能性があるから、少しでも話をあわせると「ウケている」とよけいに勘違いしてしまうわ。話をあわせることで、相手にとってうれしい「報酬」になってしまうから、「スルーかよ」と言われてもスルーするの。

一方で、**「それは揚げ足とりだね」と伝えることは避けたほうがいい**わ。相手はたいてい「これは揚げ足とりではない」とかみついてくるの。「アナタの言動は揚げ足とりですね」と伝えてるのは一種のユーメッセージだからよ。ユーメッセージには、相手への「決めつけ」が入るから、関係がこじれやすいのよね。あくまで、相手の言動によってアナタがどう感じるかを「アイメッセージ」として伝えてくださいね。

また、基本的に、揚げ足とりをしてくる人には悪気がないことが多いの。アテクシ自身も時々やってしまうからわかるわ。勢いで、相手がどう感じるか考えずに発言してしまうのよね。何か話題がないかと思って話すネタを考えているうちに、相手の言い間違いに気がついて、つい揚げ足をとってしまう。そういうケースが多いの。だからといって、揚げ足とりがいいわけではないけれど、**「相手に他意はない」**と知るだけでも、多少ストレスは減るのではないかしら？

本気で嫌味を言ったり、嫌がらせをしたりするような人は、いちいち言い間違いを指摘しないわ。相手にたいしてダメージを与えられないからよ。揚げ足とりをする人は、空気が読めない人であることがほとんどなの。それゆえにしつこいこともあるけれど、根気よく対応すれば徐々に改善していくと思うわ。もちろん、そこまでつきあっていられないぐらいの関係性なら、あまり関わらないことも大切よ。

揚げ足をとる人は単純よ。大人になって冷静に対応すればいいわ。

3-6

話の腰を折る人

- 人が話している最中に、まったく違う話を差し込む
- ログセは「つまり○○ってこと？」「結局○○になるんじゃない？」

なるべく気をつけていますが、実はアテクシも話の腰を折りがちなの。なので、自戒も込めて書かせていただきます。

基本的に、人の話の腰を折りやすい人には次のような特徴があるわ。

話の腰を折っちゃう「おしゃべりでせっかち」な人

しゃべりたい気持ちをガマンするのが苦手で、せっかち。「〇〇したい衝動」に駆られたら、それを抑えられずに行動してしまう。精神医学的な表現では「衝動性が高い人」ね。自分がしゃべりたくてしかたがないから、他人の話を聞いている時は「待て」をされているような状態なの。時々ガマンができなくなって、相手の話が終わらないうちに話し始めてしまうこともあるのよね。そのきっかけは、思いつき。「今この話をしなきゃ」と思いつくと、忘れないうちに話したくなって話し出してしまうの。

相手の話を早急にまとめてしまうのも、せっかちよ。自覚がなくそうしていることもあるし、「話をさえぎってはダメだ」とわかりつつも、やらかしてしまう時もあるわ。

また、こういう人はしばしば注意散漫で、目の前の話を聞いていても、違うことを考えていることがあるの。アナタの話がつまらないのではなく、普段からさまざまなことを考えやすい性質ね。

意外かもしれないけれど、相手の行動からは、自分の話に興味を持っていないように見えても、興味がないわけでもないのよ。だから、「この話はもうやめますか」などと打ち切ろうとすると「え、その話は結局どうなるの？」と食らいついてくることもあるわ。

相手に悪気がなくても指摘していいのよ

「話の腰を折る人」の特徴を知ったうえで、対策を考えてみるわね。

基本的には、相手には悪気のないことが多いの。もし悪気があって、アナタの話に茶々を入れるつもりなら、言い負かそうとしたり、「話がつまらない」と非難したりと、違う対応をするはずよ。話の腰を折るのは、折ったほうの評判を落とすだけだから、意図的にやっていないことが多いの。

だから、**「まだ話している途中です」と注意をしてもいい**わ。相手は「またやってしまった」と反省するはず。多少気まずくなっても、反省してくれる可能性は高いわ。

また、**話す気がなくなったのなら話を中断してもいい**のよ。沈黙は、アナタの怒りや不満を示すのに有効な方法なの。この場合も、相手が謝ってくれる可能性が高いのよ。

ただ、これら「話の腰を折ってくる人」の特徴は、本人の性質であることが多いわ。少しピンと来た方もいるかもしれないけれど、「せっかち、衝動性が高い、注意散漫」などは、発達障害の一つであるＡＤＨＤ（注意欠如多動性障害）の特徴よ。実際、ＡＤＨＤで受診される方から、「悪気はないのに人の話の腰を折って、関係性が悪くなる」と相談を受けることは多いの。もちろん全員ではないけれど、話の腰を折る人の中にはＡＤＨＤの傾向がある人もいるかもしれないわね。

本人の性質なら、注意をしてもなかなか直らないかもしれないわ。とはいえ、きちんと指摘をすることで本人が直そうと意識するきっかけにはなるはずよ。だから、「話の腰を折っていますよ」と伝えることは大切なの。**個人にネガティブな感情はあまり向けずに、しっかり指摘はする。**のんびりかまえて改善を待ってくださいね。

待てない性質の人には、指摘してもいいわ。ただ、すぐは直らないから、見守ってあげて。

必要な話しあいができない人

- 意見があわないと、人の話を一切聞かなくなる
- ログセは「わからないなら、もういいよ」

「話しあいができない」証拠を残しましょ

話しあいができない人には、最終的には「話しあいをしない」。これしかないわ。残念ながら話の通じない人はいて、相手に聞く気がなければ、いかなる手を使ってもうまくはいかないの。

この手の悩みは、民主的に進めることのジレンマね。さまざまな人の意見をとり入れて決めたいのに、個人が暴走すると何も決まらなくなるわ。全体と個人のバランスがうまくとれないと、独断で物事を進めるしかないか、何も決まらないのよね。いずれにせよ、後でもめ事にならないように、**「相手の話を何度も聞こうとしたけれど、聞き入れてもらえなかった」という証拠を固めておきましょう。**

会議であれば、議事録をとる。経緯をメモしておく。上司に状況を逐一報告するなどね。また、やりとりも口頭ではなく、できるだけチャットやメール、手紙などの文面で残しておくといいわ。

口頭ではめちゃくちゃなことを言う人でも、文面でやりとりすると控えめになるものよ。整合性がとれていないと、文章にしにくいからね。また、「言った言わない」の話になることも予防できるわ。

第三者を交えて話をするのも有効よ。第三者がいると、人は無茶を言いにくくなるものよ。相手が話しあいをしようとしないのは、アナタなら言いくるめられると判断したのかもしれないわね。だから、第三者を交えるのをおすすめしているの。その際は、専門知識のある人、立場が上の人、アナタと相手のどちらにも寄っていない人がいいわ。

意見を聞くから不満を言われるの

さらに、話しあいができない人だとわかっているのなら、「こちらも最初から話を聞かない」のもアリよ。世の中、聞いたから出てくる不満もあるの。本当は不満など感じていなくても、「何か言いたいことはありますか」と聞かれることで思いつくこともあるわ。でも、それは本当の不満ではないのよ。

こういう話しあいができないタイプの人の中には、グチや不満ならいくらでも生み出せる人がいて、議論の収拾がつかなくなることがあるの。民主的に決めるのも大切だけど、**自分が決めていいようなこと、スピーディーに進めることでは、あえて意見を聞かずに決めるのもひとつの手**よ。

また、それでも民主的に話を進めるのなら、アンケート方式にするのはどうかしら。意見を個別に集めて決める方法よ。この方法であれば、意見を好きなだけ表明できるから、不満をぶつける場所があるし、意見を知ってもらえただけで気持ちもスッキリするものよ。事前に「アンケートをまとめたうえで、（こちらで）決めます」と知らせておけば、あらゆる意見をとり入れる必要もないの。

また、集めた不満に答えた文面を匿名で掲示する方法もあるわ。スーパーのご意見箱に投稿された内容が掲示されているものと同じ方法よ。この方法なら、民主的に進めつつも、個人の暴走を抑えることができるわ。

このように、話ができない人への対策は、個人的に対応するのではなく外堀を埋めていくしかないわ。そういう人にモヤモヤするのはわかるけれど、人を変えることは難しいから、別の星の人だと思って粛々と対応するのが、精神衛生上いいかもしれないわね。

話しあいができない人とは、最終的には話をしなくてもいい。でもその前にできることはいろいろあるわ。

3-8

聞いていないのにアドバイスをする人

- 会話が「カウンセリング」になる
- ログセは「あなたのためを思って」

よくある話よね。だけど、相手が自分の優位性を示すマウンティングをしているとは限らないわ。この状況は、ミスコミュニケーションから起きていることが多いの。

それは、アナタの**「ただ話を聞いてほしいだけ」という意図が相手に伝わっていない**可能性が高いということよ。たいてい「ただ話を聞いてください」とはいちいち切り出さないわよね。「相談があるんだけど」「ちょっと困っていて」なんて切り出していないかしら？　それでは相手に「アドバイスを求めているのかな？」と思われても無理ないわよ。

ここでは、うまくいっていないコミュニケーションの解決法を考えていくわよ。

話を聞いてもらう相手をよく選んで

アナタは「話を聞いてほしいだけなのに、アドバイスされてモヤモヤ」しているかもしれないけれど、相手からしても「アドバイスしてみたけれど、ちっともうれしそうじゃないな」とがっかりしている可能性があるわ。

アナタがよく話している相手なら、アナタがどんなニュアンスで話をしているのかわかってくれるでしょ。そもそも、**日頃からコミュニケーションがうまくとれている相手に話をするのがいい**わ。それが早いし、確実よ。

相手に求めているものを言葉にするの

「アドバイスがほしいとかではないけど、少しだけ話を聞いてくれないかな？」などと自分が求めている言葉を明確にしながら話してみてはどうかしら？

とはいえ、相手の時間を使うことだから、「ただ話を聞いてほしい」とは言いにくいかもしれないわね。それなら、「よかったら5分だけ聞いてください」とはっきり数字で示して、相手に心づもりしてもらうのがいいと思うわ。

それでも相手がアドバイスしてくる可能性もあるけれど、「話を聞いてほしい」というアナタの要望に応じてくれたわけなので、多少は大目に見てあげて。

もしかしてアナタは「聞いていないアドバイスをされること」よりも相手の「言い方や態度」に対してモヤモヤしているのではないかしら？

聞いていないのにアドバイスされたからといって、いつもマウンティングされたように感じるわけではないでしょう？　たとえば、アドバイスするだけではなく、「自分は○○だ」と自分の話を始める。「アナタが間違っている」などと人格否定のような表現をする。そんな言い方や態度にアナタはモヤモヤしているのかもしれないわ。もしそうなら、話をさっさと切り上げたほうがいいわ。そして、二度とその人には相談しないことね。

こうした場合の切り上げ方にはコツがあるわ。

まず、変な切り上げ方をすると「なんだコイツ」と根に持たれるから、**感謝の言葉は必ずつける**こと。

また、唐突に切り上げると逃げたようになるから、**前振りをつける**こと。おすすめは、相手の言ったことをまとめて繰り返すことよ。たとえば「○○してみたらいいんですね。早速実践してみます。ありがとうございます」といった感じで打ち切って、その場を離れてしまいましょう。自然と話を終わらせて、自分もモヤモヤしない方法よ。

「よかれと思って」してくれた話でも、アナタが「いい」と思わないなら、話を切り上げちゃえばいいわ。

3-9

「上から目線」な人

- 自慢話や、人を見下す言動が多い
- この人に接すると、自分が「ダメ人間」のように思える

上から目線の人は、無自覚なことが多いのよね。自覚していないからこそ、上から目線になっているとも言えるわ。上から目線って品性に欠けるじゃない。もし自覚していたら、穴があったら入りたいほど恥ずかしくなってしまうはずなのよ。

それでも上から目線の言動に出てしまうのは、承認欲求が強い（自分を認めてほしいと強く思う）から。自分を認めてほしいのは自分に自信がないからよ。自己肯定ができなくて、「他人からどう思われるか」が大切な「他人軸で生きている人」だからよ。

このように考えると、上から目線の人って結構大変なのよね。**自己肯定ができていて、自分らしく自分軸で生きられているのなら、上から目線になる必要がない**のだから。

「上から目線」の人にモヤモヤするのはなぜ？

そもそも、アナタはなぜ「上から目線」の人にモヤモヤするのかしら？

自分のダメダメさを思い知らされる気がするのなら、アナタにも「上から目線の人」と似た問題があると言えるわ。自己肯定できず、他人軸になっている問題ね。だから上から目線の発言が気になって、ショックを受けてしまう。自己肯定できていて、自分軸で生きているなら、そうした発言をされても、はなから気にならないはずよ。

でも、安心して。もしアナタが他人軸に寄っていても、アナタが上から目線の発言をする人とは限らないのよ。自己肯定できていない人の行動は多種多様で、他人を見下したり、自分の実績をアピールしたりして解決しようとする人もいれば、自分を抑えて悩んでしまう人もいるわ。ここで理解しておきたいのは、**「相手も（もしかしたらアナタも）、自己肯定できない問題を抱えているのかもしれない」**ということだけよ。「上から目線」にも理由があるとわかれば、アナタのモヤモヤも少しは収まるかしら。

相手のレベルにあわさずに関わらないでおくの

なぜ、同じような問題を抱えていても行動が変わってくるのかしら？　それには人間の心理的なメカニズムである「防衛機制」が関わってくるの。人間は現実をそのまま認めるのがつらくなることがあるわ。このつらさが「葛藤」よ。その葛藤をうまく処理するため、自分の気持ちを加工することを精神分析の用語で「防衛機制」というの。

わかりやすい例が、イソップ童話の「すっぱいぶどう」ね。自分の手の届かないところにあるブドウを、キツネは「あのブドウはすっぱいからほしくない」と思うの。思う「ことにする」という表現のほうが正しいわね。すっぱいかどうかなんてわからないのだけど、すっぱいことにしておけば「食べたいけど届かない」というキツネの葛藤が解決するのよ。これは自分の気持ちを否定する、「否認」という防衛機制とも言えるわ。

防衛機制には子どもがするようなものから、レベルの高いものまであり、よりレベルの高い防衛機制が望ましいと言われているの。たとえば、つらさやくやしさをスポーツや芸術という形で発散させる。これは「昇華」という最もレベルの高い防衛機制ね。上から目線の人は「相手を見下す」ことで自分の葛藤を処理しているのだけど、言うまでもなく、あまりレベルの高いものではないわよね。

だから、アナタも相手と同じような防衛機制を用いる必要はないの。**相手の言うことは心の中でスルーして、自分のやりたいことに目を向け、そこに集中する**の。もちろん、あまり関わらないことが一番よ。

「上から目線」の人は「自己承認欲求」の強い人。近づくと影響されるから、関わる場合は、ほどほどに。

3-10

SNSで誹《ひ》謗《ぼう》中《ちゅう》傷《しょう》をしてくる人

- 人の投稿に対して、嫌なとり上げ方をする
- 直接だったら言えない

「気にしない」「無視する」に限るわ

アテクシもSNSはふんだんに活用しているから、誹謗中傷にモヤモヤする気持ちはよくわかるわ。これは「気にしない」に限るの。嫌なレスが気になるのは、「放置していいのか」「自分の評判が下がらないか」「炎上しないか」という不安があるからなのよね。

これは悪口やウワサ話と似ているわ。陰で悪口を言われているのが耳に入ると、「このまま放置していてもいいのだろうか」と不安になるけれど、実際のところ、悪口やウワサ話を真に受ける人ばかりではないのよ。むしろ真に受けるような人にはそもそも関わらないほうがいいの。アナタの周りの信頼できる人は、そんな陰口で惑わされないし、陰口を言う人のほうを警戒するものよ。

だから、実際には何も影響がないの。そして、陰口は鮮度が落ちるのが早いもの。放置しているうちに、みんな忘れてしまうわ。そして違う人のウワサ話が流れるだけよ。

SNSも同じよ。むしろ鮮度の落ち方はもっと早いし、変な反応もたいして広がることはないわ。ごく狭いコミュニティの中で発生するリアルなウワサ話では、ウワサ話の対象が誰なのか、みんな知っているわよね。一方で、SNSは多くの人が参加しているコミュニティだから、誰かが変なことを言っても、その対象をよく知っている人は少ないものよ。だから、SNSのウワサ話はたいして燃え広がらないの。もちろん対象が超有名人なら話は違うけれど、根拠となる言動が炎上するものでなければ広がらないのよ。

だから、**SNSの変なレスには悩まずに無視をしてください**ね。もしモヤモヤするならば、**容赦なくブロックやミュートをすればいい**わ。「下手にブロックして逆恨みされたら……」と心配になるかもしれないけれど、逆恨みしたところで相手には何もできないわ。逆恨みしたことすらアナタの目には入ってこないもの。ブロックやミュートするかどうか悩むぐらいなら、それはもう実行するべきよ。

変なレスを無視できないのは、無視し慣れていないだけよ。無視しても、ブロックやミュートをしても、何も影響がないことが体感できれば、ためらわずに無視できるわ。大丈夫よ、誹謗中傷は堂々と無視してくださいね。

リアルなクチコミほどの影響力はないのよ

アテクシもネット上のクチコミに悩んだ時期があったものよ。開業医の時、自分のクリニックにネガティブな評判がついたの。それは根も葉もないものも、事情があるものもあったわ。たとえば医療上適切ではない対応を、患者様が求めてくるなどね。どんなに希望されても、医療行為としてできないことはあるのよ。ていねいに説明して納得いただこうとしても、「要望通りにしてもらえなかった」とネガティブなクチコミを書く方がいるのよね。

最初はそれで患者様が減ったらどうしようかと、真面目に悩んだけれど、やがて悩む価値がないことに気がついたの。真面目に治療をしていれば、わかってくれる方はわかってくれる。そしてリアルなクチコミで、患者様が来てくれるのよ。**ネット上のクチコミにまったく影響を受けないとは言わないけれど、リアルなクチコミほどの影響力はない**ものよ。そのことに気がつくと、だんだん気にもならなくなり、いつの間にか自分のクリニックのクチコミを確認することもなくなったわ。

最初はモヤモヤしても、根拠のない嫌なレスはどんどん無視をしてくださいね。それが何も影響がないとわかれば、気にならなくなるわ。ご安心くださいね。

誹謗中傷は、ガン無視でも大丈夫。最初はモヤモヤするけどね。そのうち、無視することにも慣れるわ。

3-11

「察してほしい」人

- 何か言いたいことがあっても、言わない
- でも、「察してくれない」といらだつ

「察してほしい」ことを態度に出す人は、前触れなく不機嫌になってびっくりするわよね。理由を教えてくれるのならまだマシだけど、「別に」などと言って理由を教えてくれないと、どう接したらいいか困ってしまうもの。

こういう態度をとる人は、わざわざ「自分の意見を伝える」などというめんどうなことをしなくても、周りが自分に気をつかってくれることを「学習」してしまっているの。だから、「察してほしい」という態度をとれるのよね。

「どうしたの？」と聞かなくていいの

「察してほしい」人に対応するためには、相手の戦略に乗ってはいけないわ。**顔色をうかがう必要もないし、「どうしたの？」などとわざわざ聞く必要もない**の。具体的には、相手が話さない限り、意見はないものとして扱うのよ。機嫌が悪くなっても知ったことではないわ。それを徹底すれば、相手は「何も言わなかったら、自分の意見は反映されない」と気づくはず。そうすると、「察してほしい」と思う自分を変えるしかなくなるわ。

「察してほしい人」は、プライベートの関係なら、かまってくれそうな相手のところに行くかもしれないわね。仕事の関係なら、「自分の意見を伝えたいなら、言葉にしないといけない」と学習してくれるでしょう。たとえ変わってくれなくても、相手が損するだけだから、アナタが気にする必要はないのよ。後からグチを言われても、そんな言葉は気にかけなくていいの。また「察してほしい」と、相手が悪あがきしているだけよ。

冷たいようだけど、「察してほしい」と思って何も言わないのは、相手にとってもよくないわ。そうした態度を続けていると、人が離れていくし、いざ自分の意見を言おうとしてもなかなか伝えられなくなるの。お互いのために「何も言わなくても、いいようにしてくれる環境」をつくらないことが大切よ。

「意見を言いやすい環境」が「察してほしい」態度を防ぐわ

ただ、察してあげる必要はないけれど、**「相手が自分の意見を言いやすい環境」は意識してつくってあげて**ほしいわ。

少し状況は違うけれど、例をあげるわね。アテクシが診察する時に、患者様が思っていることを話してくれない時があるの。限られた時間の診察では、何となく話しにくい時もあるでしょう。だから、診察の最後に、「診察は以上ですが、他にお話ししたいことはありますか？」と伝えるようにしているの。たとえ相手に話したいことが何もなくても、こちらが話を聞こうとしている姿勢が伝わると、相手の心はほぐれるわ。そうすると、相手はわざわざ「察してほしい」なんて態度をとらなくても、意見を言いやすくなるものよ。

一方で、「察してほしい」人にイライラして、気がついたら**自分が「威圧的で話しかけにくい人」になっていないか気を配ってくださいね。**気難しい顔をして、眉間にしわなんて寄せていたら、誰も寄りつかなくなるわよ。

そうならないように、意識的に意見を聞くのも一つの手。アテクシの診察のアイデアのように、「何か意見があれば言ってくださいね」とつけ加えるのは、とり入れやすいのではないかしら。

相手の「察してほしい」には反応せず、意見を言いやすいような環境をつくる。これだけ意識するだけでも、相手の「察してほしい」へのモヤモヤは減らしつつ、良好な関係が築けるわ。

「察してほしい人」をつくっているのは、「察してあげちゃう」アナタのやさしさかもしれないわ。

第 **4** 章

友人とのつきあい

4-1

悪口に参加させられる

- 話題が悪口ばかりの人たちと一緒にいなくてはならない時
- 私も一緒になって悪口を言っていると思われたくない

悪口を言うのは、いじめと同じよ

根本的には、悪口を言うような人たちとはつるまない。それに尽きるの。ただ、アナタが悪口に参加しなければ、アナタが悪口を言われる可能性はあるわ。むしろ、間違いなく悪口を言われるわね（サイテーよね）。それは覚悟したうえで、**悪口ばかり言う人たちの集まりには参加しない**ようにしてほしいわ。その覚悟がないと、気がつけばアナタも仲間になってしまうのよ。

これはいじめの構造に似ているの。いじめは一人ではできないから、いじめの主犯格はグループをつくる。仲間に入らないと自分がいじめられるから、周囲の人は仲間になるか、ターゲットにされるかという二者択一を迫られるの。その結果、積極的ではない人もグループに入らざるを得なくなるのよ。これがエスカレートすると、主犯格の行動を止める人が誰もいなくなり、いじめの過激化につながるわ。

悪口もいじめと同じね。ただ、暴力的な行動には出ていないから、「悪口を言われてもいいや」という覚悟さえあれば、「仲間にもならず、ターゲットにもされない」選択肢がとれるわ。もちろん一度や二度は悪口を言われるだろうけど、**関わりのない人への悪口は**

基本的に続かないものよ。無関係な人の話をしても、あまりおもしろくないでしょう。だから、関わらないことを貫けば、ターゲットからはずれるわ。

そして、巻き込めない人が存在すればするほど、悪口のグループを拡大できなくなり、エスカレートも予防できるの。主犯格がもちろん悪いけど、実は周囲の人の中途半端な対応が、よけいに事態を悪化させているのよ。だから、きっぱりと参加しないことが大切よ。

必要最低限の話しあいが済んだら脱出しましょ

ただ、こうした悪口が、地元の寄りあいやイベントの打ちあわせなど、半強制的な集会で起きているパターンもあるでしょう。**悪口大会になりそうな場合は、「途中で退出する」のが正解**よ。たいていこうした集まりの場合、前半に決め事をして、それが終わると悪口大会になっていくわ。

だから、**前半の決め事だけ参加して、後半は抜ける**ようにしましょう。「この後に予定があるので○時には抜けます」などと伝えておけばいいの。また、こういうグループの場合、ミーティングの後に定例のお食事会や飲み会などがあり、そこで悪口大会が始まることもあるのよね。その場合はもちろん、ミーティングだけ参加するようにすればいいのよ。

どんな集まりでもそうだけど、二次会、三次会がある時には、最後まで残る人と、いつの間にか途中でいなくなる人がいるわ。そして不思議なことに、この顔ぶれはたいてい同じよ。途中でいなくなる人は、そのグループの中では主要なメンバーにはならないの。

つまり、**その場からいなくなることで「そのグループと距離を置きたいこと」の意思表示をしている**とも言えるのよ。いつも悪口ばかり言うグループでも、最後まで残っていなければ「仲間」と見なされにくいの。もしアナタが不本意に悪口を言うグループに参加させられていても、最後まで残らないようにすればいいのよ。もちろん、参加している途中に悪口を言わされそうになっても、言わなくていいの。これを繰り返せば「この人はこういう話が好きではないのだな」とわかってもらえるわ。

はっきり「Ｎｏ」を伝えなくても、距離をとることは充分可能よ。

4-2

自分の悪口を言われている（ように思う）

- 何を言われているかわからないけれど、私のほうをちらちら見て話されている
- 何か気に障《さわ》ることをしてしまったかも？

「悪口を言われているかも」はたいてい的はずれよ

何となく自分の悪口を言われている感覚ってあるわよね。ただ、こうした感覚は的はずれのことが多いの。また、本当にアナタに何か問題があった場合は、何らかのアクションがあるはずよ。はっきり言われる場合もあるし、後から判明する場合もあるわ。だから、不確定なうちは「気にしない」ことが一番よ。気になったとしても行動は起こさなくていいの。そのうちにだんだん気にならなくなるんだから。

案外、人は冷静な状況判断ができないものよね。落ち込んでいる時は何もかも悲観的に思えるし、機嫌のいい時は何でも楽観的にとらえてしまうものよ。理性的なつもりでも、感情の影響をかなり受けるのよね。

学生時代、試験の結果が返ってきた時を思い浮かべてみて。思ったより悲惨な点数で、かなりショック……。このままだと志望校に受からないかもしれない。将来はどうなってしまうんだろう。憧れの職業にもつけないかもしれない。

こうした気分では、すべてが不安で絶望的な状況に見えてしまうわよね。たとえその一回、たまたま悪い結果だったとしても、「自分はもうダメだ」と考えてしまうはず。

そんな中、電話がかかってくるの。気になっていた子からの告白の電話よ、やったわね。そして、週末に初めてのデートに行くことになる。きっとアナタはご機嫌で、週末のデートで頭がいっぱいになるのではないかしら。ついさっきまで絶望的な気分だったのに、今はバラ色の気分よ。いや〜、確かに今回はひどい結果だったけど、前回まではいい成績だったし、心配しなくてもいいよね。苦手な箇所がわかったから、むしろよかった。しっかり復習しよう。

事実はまったく変わっていないのに、その時の気分次第で物事のとらえ方はまるで違うわ。人間の判断なんて結局こんなものよ。アナタが悪口を言われているかもしれないと気になっている時は、コンディションがよくない時なのよ。本当にアナタを見て言ったのかもはっきりしないし、見ていたとしても悪く言っていたのかもわからないわ。アナタが目にしたのは、「何かを話していて、時々こちらのほうを見ている人がいる」ってだけ。それだけで何の根拠もなく、「私が何か気に障《さわ》ることをして、悪口を言われている」と判断しているのよ。現実にその通りである可能性はあまりないから、安心してほしいわ。

気になってしかたない時は休むのよ

ちなみに「誰かが自分の悪口を言っている」という感覚があまりに強いと、「被害妄想」という精神症状にまで発展している可能性があるわ。「妄想」は、精神医学的には「その内容が現実とは明らかに異なること」「第三者が訂正しようと論理的に説明しても訂正できないこと」と定義されているの。

妄想は精神疾患では時折見られるもので、おそらく脳の機能が障害を受けていることから起きているの。脳には五感を通して多くの情報が伝えられている中で、必要な情報だけをとり出して処理しているわ。つまり実際に見聞きしていても、必要のない情報は気にならないようにできているものよ。たとえば時計の秒針が動く音は、普段は聞こえていても気にならないけど、疲れていると妙にうるさく感じないかしら？

妄想とまでいかなくても、「アナタが自分の悪口を言われているかも」と気になっている時は疲れているのよ。そのことを気にしたり、直接対応したりするのではなくて、**まずはアナタの体調や心のコンディションを整えることから始めましょう**ね。

「悪いように言われているかも」なんて、悪いように考えすぎちゃダメよ。

4-3

無視や仲間はずれで孤立させられそう

- 親しくしていた人に避けられ、無視されている気がする（心当たりなし）
- 私は、今まで通り親しい関係に戻りたい……

「人に振り回されない人」がしていること

人間関係の基本は「振り回されないように振る舞う」ことだと、アテクシは考えているわ。「振り回されない」というのは、「顔色をうかがわず、自分軸で行動する」ということね。「それは自分勝手ではないのか？」と思うかもしれないけれど、違うわよ。

自分勝手な人は、相手に配慮せず、自分の都合だけで物事を推し進めるの。他人の顔色はおかまいなしに見えるのよね。とはいえ、自分軸で行動しているわけでもなくて、決定的な違いがあるの。

他人の顔色をうかがうのは、「自分の気持ちを差し置いて」相手の様子で物事を決めるということよ。本質は「自分の気持ちを差し置いて」という部分だから、他人軸と言われるの。一方で、自分軸の人は、他人に流されたり強要されたりしてそうするのではなくて、**自分が納得したうえで他人への配慮をしている**の。いくら他人が不満そうでも、自分が納得しなければ行動を変えることはないわ。だから振り回されないのよ。

人が他人の顔色をうかがい、振り回される時、自分の意志や気持ちはないがしろにされているの。**お互いがお互いの気持ちを尊重できていない関係は、いずれ破綻《はたん》する**のよ。

相手の機嫌をとる行動はしなくていいの

では本題に入りましょう。誰かに無視されている時、どうしたらいいのでしょう？「何か悪いことをしたかな？」と考えてしまいがちだけど、それは他人の顔色をうかがうことになって、人間関係が破綻するわ。そうではなくて、自分軸で考えてみて。相手ではなく、自分の気持ちを振り返ってみるの。

アナタはどう感じているかしら？　不安で嫌な気持ちはあるかしら？　その気持ちにしたがって、アナタが納得した行動をとってみて。たとえば、「この人と関わると嫌な気持ちになる。関わるのやめよう」と思ったのなら、関わりをやめていいの。「一回話してみようかな」と思ったのなら、話してみればいいのよ。ただ相手の機嫌をとるためだけに、不本意な行動はしないこと。「自分の気持ちは何か」を自分自身に問いかけて、**「こう考えたら自分は納得できる」と思う行動をすればいい**の。

無視されている時の対応は、やはり**「相手にしない」**ことがおすすめよ。思い当たる節がない時は、たいてい勘違いなの。人の顔色をうかがいがちな人は、ちょっとした情報をネガティブに受けとるクセがあるわ。たとえば、たまたま口数が少なかっただけで、「嫌われているかも」と思うなどね。でも、相手は少し疲れていただけかもしれないし、考え事をしていただけかもしれない。あるいは、アナタがそのように感じているだけで、いつも通りだったかもしれない。心当たりがないなら、嫌われている可能性はごくわずかなのよ。

たとえ思い込みではなくて、**本当に避けられていたとしても、思い当たる節もないのに避けるような人なら、そもそも関わらないほうがいい**わ。仮に誤解があっても、本心を突き止めたり、その誤解を解いたりする必要はないの。あやふやな情報で他人のことを誤解するような人は、いずれまた誤解するものよ。

きちんとした相手なら、アナタを無視しないし、誤解があっても勝手に思い直してくれるのよ。アナタに思い当たる節がないのなら、いつも通りにすごせばいいの。アナタが仲よくする価値のある人は、何もしなくても親しくしてくれるから。「来るもの拒まず、去る者追わず」とはよく言ったもので、まさにその通りよ。

他人の顔色をうかがうのはやめて、自分の気持ちに向きあってあげて。

4-4

グループや派閥の対立

- たとえばママ友や、友人グループ
- 別の派閥の人と仲よくしていると、ちくっと嫌味を言われることも……

本来、グループや派閥には同じ目的を持った者同士が集まるものよ。一方で、ママ友や友人グループなど、いつの間にかできているグループには集まる目的がないのよね。いや、厳密に言うと目的はあるけれど、上手に隠されているのよ。

そうしたグループの目的は、**中心人物が一目置かれ、周りの人をコントロールしやすくするなど、中心人物の居心地がよくなること**よ。でも、そのような目的を言ったら誰も仲間にはならないから、中心人物によって隠されているの。

そうしたグループは「グループに入らないと居心地が悪くなったり、嫌な思いをしたりするぞ」という脅しで広がっていくから、アナタがちくりと嫌味を言われるのもそのせいね。こうした脅しがないと、目的のないグループは崩壊するものよ。

「仲間はずれでもいい」でいいの

こういうグループに属する人たちとのつきあいはシンプルで、あまりつるまないことが最善手よ。注意点は、あるグループと距離をおくと、他のグループが近寄ってくること。いつの間にか他のグループに巻き込まれないよう、気をつけて。

仲間はずれにされたところで、たいした問題は起きないから、心配しすぎないでね。**仲間はずれで一番大きな問題は、「仲間はずれにされたらどうしよう」という恐れそのもの**

なの。仲間はずれになってもいいやと思っておけば、問題ないわ。

そして、そのようなアナタの存在が、グループや派閥の勢いを抑制するのよ。めんどうなのは、誰もがどこかのグループに入っている状態よ。ところが、一人でもどこにも属さない人がいると、あまりめんどうな雰囲気にはならないもの。その人の存在によって、仲間はずれは怖くないと示せるからなのよね。

そして、**潜在的には「グループや派閥なんてめんどう」と思っている人は多い**から、「自分もどこにも属したくない」と思う人が増えてくるの。するとますますめんどうな雰囲気はなくなるわ。だから、仲間はずれでいいの。一匹オオカミでいいのよ。

「みんなに嫌われない」は無理！

ところで、なぜ人は「仲間はずれになりたくない」と思うのかしら？

その大きな理由は「みんなに嫌われたくない」という思いではないかしら？

でも、この**「嫌われたくない」という気持ちは典型的な他人軸よ。周りの顔色をうかがいながら生きていくことになる**の。嫌われたくないと思って行動すると、自分のやりたいことができなくなるわ。嫌な状態を避けたくて行動しているはずなのに、窮屈で楽しくない生き方を選んでしまっているの。

さらに「みんなに嫌われない」のは無理！　実現不可能よ。どんな人にも個性はあり、個性がある以上、それを嫌う人は必ず出てくるから。また、いくら気をつかって行動していても、気に食わないと怒られたり、誤解が生まれて嫌われたりすることは起きるわ。むしろ、近くにいればそうした事態に巻き込まれやすくなるとも言えるわね。嫌われたくないと思ってめんどうなグループに所属すれば、真っ先に嫌な思いをする可能性があるわ。

それならば、さっさと仲間はずれにしてもらったほうがいいの。**仲間はずれは怖がるものではなく、むしろありがたいもの**なの。深入りしてからだとダメージも大きいから、なるべく早いうちに仲間はずれになりましょう、離れましょうね。

仲間はずれも、悪くないのよ。

4-5

同窓会でのマウンティング

- 出身大学の話、会社の話、収入の話、高スペックの恋人の話……
- 「子育てが大変で、独身に戻りたい」と、困ったように自慢されることも

マウンティングする人への対策は、「関わらない、反応をしない、気にしない」の３つが有効よ。それぞれ具体的に見ていきましょうね。

関わらなければモヤモヤすることもないわ

マウンティングする人は、いつでもマウンティングするものよ。おそらくあまり自覚していないのよね。**この人と関わっても有益な情報はまず得られない**と思っていいわ。マウンティングする人にとって、他人とのコミュニケーションは、自尊心を満たすために行なうもの。だから、いつも同じ話（しかも自慢話）になるの。どうしても関わらざるを得ない場合以外は、関わらなくていいわ。普段から近寄らないようにしましょう。

反応をしなければ相手からノーサンキューよ

マウンティングする人は、話を聞いてくれそうな人にしか近寄らないわ。なので、**建前でも「すごいですね」などと、話に興味があるような反応はしない**こと。

『ドラえもん』に出てくる「スネ夫」がいい例かもしれないわね。スネ夫の話がたいてい自慢話なのは、周りに聞いてくれる人がいるからよ。うらやましそうに話を聞くのび太の反応が、マウンティングするスネ夫が喜ぶ「報酬」になるの。一方で、うらやましそうにしてくれない人は、そもそもスネ夫の聴衆にはならないし、マウンティングもされないでしょう？

反応のない人に言っても、マウンティングしたい人は自尊心が満たされないわよね。それどころか、冷たい反応をされて傷つくかもしれないわ。だから、あまり反応しないだけでも、アナタの前では言わなくなるはず。

このように、関わらざるを得ない人にマウンティングされる場合は、「反応をしない」方法が有効よ。**つまらなさそうな顔をして聞いているだけにするか、心のこもらないあっさりとした反応をしましょう。**話題を変えてもいいわ。

また、マウンティング話にリアクションする人にも近寄らないこと。こういう人の側にいると、マウンティング話をアナタもうらやましく聞いているように見えるわよ。

気にしなければ気にならなくなるの

「臆病な犬ほどよくほえる」とはよく言ったもの。マウンティングする人も臆病だから、**気にしなければモヤモヤする以上の被害はない**わ。そうは言っても、最初は気になるかもしれないけれど、そのうち本当に気にならなくなるものよ。

マウンティングする人は、現状に何らかの不満を抱いているから、安易な方法で周囲に認めてもらいたいと思うの。アテクシも以前はマウンティングする人が苦手だったけれど、自己肯定感が低い人が多いことを知ると、「少しくらいは話を聞いてもいいかな」と思えるようになってきたわ。そこまで達観できたら、マウンティングする人は「敵」じゃないわね。

充実した毎日をすごし、すばらしい人生を歩んでいる人や、周囲から自然と憧れられる人はマウンティングをしないものよ。マウンティングする暇もないし、うらやましく思われることにモチベーションもないの。マウンティングする人はちっともうらやましくない人だから、アナタがモヤモヤする必要もないのよ。人の幸せをうらやむよりも、自分の幸せに目を向けるほうが、大切なことじゃない？

マウンティングをする人は、本当にうらやましい人かしら？

第 5 章

仕事上のつきあい

5-1

仕事を断れずに引き受けすぎてしまう

- 自分の成長や周囲からの信頼を期待している
- 他の仕事が圧迫されたり、質が低下したり……

「ペンディング法」で時間を稼ぐの

仕事ってなかなか断りづらいものよね。会社や上司からの評価がどうしても気になって、無理をしてでも引き受けたくなってしまう。また、仕事を頼まれる時はたいてい突然で、もともと抱えている仕事もある状況で答えを出さなければいけないのよね。そうすると、とりあえず「はい」と言うしかなくて、後々の自分が困ることになる……なんて、心当たりないかしら？

この状況を一番うまく切り抜けるために、**「ペンディング法」**をおすすめするわ。つまり、いったん答えを保留し、引き受けられるかどうかを検討して、ＯＫなら後で返事をする方法よ。つまり、**時間稼ぎをしている間に冷静に考える**だけのことね。

たとえば、こんな風に答えてみてはどうかしら？

「はい、わかりました。スケジュールを確認して今日中にお返事しますね」

この答え方だと、断るのが苦手なアナタでも言いやすいはず。その後、状況を確認して、対応できそうなら、

「先ほどの件、すぐお返事できず申し訳ありませんでした。ぜひ引き受けさせてください」

といった具合に答えればいいの。少し返事が遅れても、アナタの印象は悪くならないわ。

断りたい場合は、こんな返事ではどうかしら？

「実はプロジェクトを3つ抱えていて、明日の会議の進行も私が担当になっています。先ほどの件も、ぜひ担当したいのですが、難しい状況です。大変申し訳ございません」

ある程度事情を伝えながら断ると、相手も受け入れやすくなると思うの。もちろんこの方法でも「仕事なのに断るのはありえない」と思う上司もいるかもしれないけれど、即答で「今は難しいです」と断るよりは、よほどましなはず。

また、仕事の評価は、最後の印象が大切よ。キャパオーバーの仕事を無理に引き受けるより、**仕事量をコントロールしていい結果を出したほうがアナタの評価は上がる**もの。その場合、最初に他の仕事を断った「過程」はあまり印象に残らないはずよ。

ただ、この「ペンディング法」にはコツがあるの。それは、**保留する時に返事の期限を必ずつける**こと。「いつまでに返事できるか」を聞かれる前に、自分から期限を設定することが大切よ。そしてその期限は早いほうがいいわ。これによって「真面目に向きあっている」ことがきちんと相手に伝わるのよ。

「信頼される人」が普段からやっていること

もう一つやっておくべきことがあるわ。それは、**今やっている仕事を普段からきちんとスケジューリングする**こと。やらなければいけないことを全部洗い出して、一日当たりどれぐらい進めるのかをしっかり決めておく。これは具体的であるほどいいのよ。理想は、一日でやることを箇条書きで示せている状態ね。

これを日頃からやっておくと、今日やるべきことが常に頭の中にある状態になるの。ぜひ試してほしいわ。自分にどれぐらい余裕があるのかわかりやすいし、引き受けられる時はペンディングしなくても「はい、できます」と自信を持って言えるようになる。そうなると、アナタは成長するし、周りからの信頼も増していくわ。

がんばりやさんのアナタは、返事を保留して（期限をつけてね）、仕事の量とスケジュールを見直すようにしましょうね。

5-2

プライベートに踏み込まれる

- 年齢や仕事、恋人の有無など、プライベートのことを聞かれてうんざり
- 「見せていないし、見せたくない面」に踏み込まれると嫌

プライベートにずかずかと踏み込んでくる人って、あちこちにいるのよね。アテクシも、行きつけのジムにそういう人がいるわ。「仕事は何？」「おいくつなの？」「結婚はしているの？」「お子さんは？」などと聞かれて（尋問か！）、中には言いたくないこともたくさんあるわ。とはいえ、今後も顔をあわせるから、「言いたくないです」なんて言うのも気が引けてしまうのよね。

ここでは、プライベートに踏み込まれた時に有効なテクニックをお伝えするわ。これは、仕事以外の場面でも応用できるから、状況に応じて、ぜひ使ってみて。

「絶対に言いたくないこと」を決めておくのよ

まずは、**「言ってもいいこと」と「絶対に言いたくないこと」を分ける**こと。

本来は何も言う必要はないけれど、詮索《せんさく》好きな「めんどい人」は、全部秘密にされるとよけいに詮索したがるのよね。なので、少しは情報開示したほうがいいの。そこで言ってもいいこと、絶対に言いたくないことを、あらかじめ決めておくのよ。アテクシの場合、年齢や結婚については言ってもいいけれど、仕事については言いたくないの。

もし、言ってもいいことを聞かれた場合はさらりと答えてみて。さらりと答えると会話があまり広がらないのですぐ終わるはずよ。もったいぶると、相手の関心がかえって強くなるから、「さらり」が重要。

「言いたくないことは、ぼやかして伝える」のも有効よ。たとえば、仕事なら「自営です」「○○関係です」なんて答えるの。すると相手は「あまり聞かれたくない話なんだな」と察してくれることもあるし、このまま引き下がってくれるかもしれないわ。

ただ、これでも「お仕事は、お医者さん？」などと食い下がってくる人もいるのよね（しかも、当たっていることも）。この場合は、「そんな感じかもしれませんね」などとさらにぼやかしてみて。のらりくらりと答えていれば、相手もめんどうになってくるはずよ。

また、**最終手段にして最強の答え方は、「ヒミツです」**。これに尽きるわ。これで食い下がってきても「ヒミツと言ったら、ヒミツです」と答えて、言いたくないことは言わないでおけばいいわ。ただ「ヒミツ」と言うよりは、愛嬌たっぷりに笑顔で言うのがコツよ。

角が立つのが嫌なら「かわし技」よ

その他の手段では、**話題を変えたり、逆に聞き返したりする「かわし技」も有効**よ。たとえばこんな感じかしら。

Ａ「Ｂさん、彼氏いるの？」
Ｂ「えーっ、ヒミツです。Ａさんはパートナーとラブラブなんですか？」
Ａ「まあーーーね」

本来言いたくないことは言わなくていいけれど、角は立ちやすいのよね。「かわし技」を実際にやってみるとわかるのだけど、意外と難しくないのよ。それに最近は「ハラスメント」という概念が浸透してきて、しつこい人は減っていると思うの。

「みんなで助けあう」のも大切よ。誰かがこんな質問をされて困っていたら、「それ、セクハラですよ」と外野から指摘してみて。聞かれた本人が指摘するよりは、言いやすいと思うわ。「こんな質問をするのはよくない」という空気感を日頃からつくりましょうね。

言いたくないことは、言わなくていいのよ。「ヒミツです」と笑顔で返して、自分を守ってね。

世代による価値観ギャップを感じる

- 上司「上司の誘いを断ったり、上司より先に帰ったりするなんて！」
- 若手「仕事第一・プライベート軽視の価値観を押しつけないで！」

「世代」でひとくくりにして決めつけるのがよくないの

アテクシも、つい「最近の若い人は……」などと口走りそうになり、そのたびに「自分もオジサンになったなあ」としみじみ思うの。かのソクラテスも若者に嘆いていたようだから、大昔から普遍的にある話みたいね。

こうした言い方に反発する人もいるようだけど、その原因の一つは「主語が大きすぎる」ことかもしれないわ。たとえば「Z世代は、仕事よりプライベートを優先しがち」という意見があるけれど、「Z世代」はある年代に生まれた世代を指すにすぎないわ。仕事を重視する人も当然いるから、大勢を一緒にして語られることに当事者はムッとするの。

そもそも、「ある集団を区切って傾向をとらえる」ことは、一般的な分析方法だけれど、集団全体に特有の傾向があるわけではないわ。**「この世代特有の傾向がある」という考え方と、「この人特有の傾向がある」という考え方の両方をとり入れればいい**の。ある世代の傾向は、その世代にとっての「常識や価値観」を意味していて、それを踏まえてコミュニケーションを図るのは決して無駄ではないわ。後は言い方の問題よ。

では、違う世代の人とコミュニケーションを図る時に、何に気をつければいいかしら？

まずは、**ネガティブな話題を扱わない**こと。

「〇〇世代はやる気がない」「〇〇世代は、しつこい」などネガティブな話題は当然NGよ。「最近の若い人は」が嫌われるのは、文脈上、その後にネガティブな話題が続くからよ。つまり、ジェネレーションギャップ自体が問題なのではなく、単に相手を否定している姿勢が問題なの。ネガティブな話題を扱わなければ何も問題ないのよ。

次に、**自慢やマウンティングをしない**ことも大切よ。

「我々の若い頃は、みんな元気があってバリバリ働いていた」など、自慢やマウンティングにつながる発言もNGよ。こうした話が嫌われるのは、話し手（自分）を上げて、聞き手（相手）を落としているから。相手は何も言わないかもしれないけど、内心では嫌がられているはずよ。

特に「今の若い人はかわいそう」などという発言はサイアクよ。そんな風に言われたら、誰だってカチンとくるわ。

ジェネレーションギャップはおもしろい

意外かもしれないけれど、世代の文化の違い（ジェネレーションギャップ）は話題にしてもいいのよ。

テレビ番組やネット記事では、ジェネレーションギャップに関するクイズやランキングなどをよくとり上げているわよね。それに、とり上げられている世代がだいぶ古いものでも、「○○世代にとって懐かしいもの」なんてＹｏｕＴｕｂｅ動画も再生数が多いのよ。文化の違いを知るという意味では、ジェネレーションギャップはおもしろいものなの。

ただ、この話題にかこつけて、相手を否定したり自慢話をしたりするから嫌がられるのよね。だから、相手の興味を引きそうな話題なら、コミュニケーション手段としては悪くないのよ。

ジェネレーションギャップを話題にすることではなくて、「相手を否定する」「自慢話につなげる」のが悪なのよ。

5-4

同僚の成績が気になる

- 同僚の成績が気になり、負けたくないと思う
- 「仕事を休むと、同僚に抜かれてしまうのでは」と気が気ではない

他人の成績が気になる気持ちは、アテクシもよくわかるわ。恥ずかしながら、アテクシも自分の本の売り上げを気にしてしまうの。いつの間にか「負けたくない相手」ができているることもあるわ。「他人と比べてもしかたがないじゃない。自分に集中よ！」などと言っていても、リアルのアテクシはそんなもの。とはいえ、その気持ちに振り回されないように心がけてはいるけどね。

「他人に負けたくない気持ち」だけで動くと、かえって自分の能力を発揮できなくなるものよ。他人の成績を気にしすぎると、自分のエネルギーを本来使うべきところに使えなくなるし、他人と比べて焦るからうまくいくはずがないわ。「負けず嫌い」がかえって負けやすくなるジレンマに陥るの。スポーツ科学には詳しくないけれど、いわゆる「スランプ」も、「負けたくない焦りが強くて、自分のパフォーマンスが落ちること」が原因の一つではないかしら。

自分ができることでベストを尽くすの

では、焦りから逃れるにはどうしたらいいのかしら？

その答えはたった一つ。「自分のベストを尽くす」こと。負けたくないと思ったところで、どうにもならないわ。**自分がベストを尽くして、結果を待つだけ**よ。

他人の成績が気になる時こそ、自分ができることを考える。この切りかえが一番大切よ。アテクシの場合も、半分ネタにして「くやしい！　負けたくない！」などと言うけれど、実際にアテクシがやるべきことは、「よりよい文章を書くこと」だけなのよね。もちろん、いいものを書けば売れるとは限らないけれど、いいものを書くしかないの。

そして、**自分の目標がわかれば、目標を達成するために必要なことがわかる**わ。たとえばテーマをブラッシュアップするとか、本屋に行って話題のテーマを探るとかね。そんなことをしているうちに、「他人の本の売れ行き」なんてどうでもよくなっているの。

「負けたくない気持ち」が決して悪いものだとは思わないわ。ただ、負けず嫌いをそのままにしておくと、焦りや不安になるでしょう。だから、「負けたくない」というモチベーションの部分だけを残して、行動につなげましょうね。

モヤモヤを解消するには行動するしかないわ

それでも、他人の成績が気になることはあるわよね。その場合、まずは**自分の目標を具体的に決める**ことから始めましょ。基準を他人にしないことに要注意よ。あくまで自分の実状に沿った数値目標をつくるの。

また、できるだけ期日も明確にするのが望ましいわ。営業の目標を例にすると、「今月は先月より○件多く契約をとる」といった具合かしら。

目標が決まったら、**目標を達成するために必要な行動を箇条書きで書き出す**の。行動可能な内容を意識しながら、なるべく多く、具体的に書き出してみてね。先ほどの営業の例でいえば、「先輩のやり方を聞く」「週に○件営業をかける」「得意先○人にあいさつにいく」などといった内容かしら。

その後は、実行するだけよ。行動がモヤモヤを減らすわ。逆に言うと、**行動でしかモヤモヤは解消されない**のよ。

他人と比較しても、焦るだけで逆効果。
自分の目標達成に視点を切りかえて、行動するのみよ。

5-5

同僚が評価されていることにモヤモヤ

- 上司が同僚ばかりほめて、自分のがんばりは認めてもらえないことにモヤモヤ
- 優秀な同僚と自分を比べて、自分の未熟さにモヤモヤ

他人からの評価を気にするのは、まさに他人軸。ナンセンスよ。他人軸とは、他人の顔色や評価を気にしながら生きること。世間体を気にする、評判を気にする、「いいね」の数を気にする。これらはすべて他人軸よ。

これに相対する言葉が自分軸。自分軸とは、自分がやりたいこと・納得することをベースに生きることを指すわ。アテクシは、他人軸ではなく、自分軸に生き方を変えていくことが望ましいと考えているの。なぜなら、他人軸でいる限りは常に他人の評価を気にして、顔色をうかがいながら、他人に振り回される人生を送ることになるからよ。

また、他人軸で生きている人は、自分の気持ちは二の次になっているの。もし、他人からの評価がなくなったら、何をしていいのかわからなくなってしまうわ。そして、自分の人生を自分で歩んでいる感触が得られないの。

とはいえ、人は油断をすると他人軸の生き方になりやすいもの。これが、人生が何となく生きづらくなる原因の一つよ。「自分のやりたいこと」を最初からわかっている人は多くないわ。**成長し、さまざまな経験をしていく中で「自分のやりたいこと」「自分が納得できること」がわかっていく**の。

「自分のやりたいこと」「自分が納得できること」がわからないうちはどうしても、他人軸になってしまうわよね。子どもの時に目標としていた、「親」や「先生」から評価されほめられることは、他人軸よ。また、「人気」も目標になりうる要素だけど、これも他人軸なの。

つまり、**最初は誰でも「他人軸」から始まる**の。その後、「自分のやりたいこと」を考えるうちに、徐々に自分軸がわかっていくわ。もちろん、自分軸へ順調に移行できるわけではないのよ。小さな頃から吹き込まれてきた他人軸は、そう簡単には消えてくれないものよ。そして「他人からの評価」はわかりやすく、見えやすい指標だからついつい他人軸になってしまうの。たとえば、ＳＮＳに投稿して「いいね」がどんどん増えると、気分がいいわよね。

実現したいことや関わりたいことは何？

「他人がほめられている状況」にモヤモヤするのは、まだ他人軸の段階にあるからかもしれないわ。もちろん、上司に評価されることは大切よ。とはいえ、そればかり気にしていては、上司の顔色を常にうかがうことになり、仕事も楽しくないわ。

アテクシは、**「仕事における自分軸」を探す**のが一番いい方法だと思うわ。評価は後からついてくるのよ。今の仕事で、アナタが実現してみたいことや、関わってみたいことはないかしら？　もしそれがあるなら、ぜひそれを進めましょ。なさそうだったら、探してみる。それだけでも、ただモヤモヤしていたことが、前に進むアクションに変わるわ。たとえば新しい企画を提案する。気になるプロジェクトに名乗りを上げる。**自分がやってみたいことにとり組むうちに、結果として成績につながり、アナタの大きな評価になる**はずよ。そうなれば、同僚が少しほめられたことなんて、気にもならなくなるわ。

また、同僚ばかりほめられているようにアナタが思いこんでいるだけという可能性もあること、上司が同僚のことを「ほめなければ伸びない」タイプだと考えてほめているだけかもしれないことも念頭に置いておきましょうね。

いずれにせよ、上司の評価をいちいち気にする必要はないのよ。**大きな目標を見つけてそれに集中する**のが一番よ。

他人に振り回される人生が嫌なら、自分軸で生きるしかないわ。「仕事の自分軸」を見つけてみて。

5-6

話しかけづらい上司・同僚

- 報告・連絡・相談がしづらくて、仕事がうまく進まない
- 仕事が進まなくて、また怒られる（話しかけづらいループへ）

「話しかけるな」とでも言いたそうなオーラを発している人に限って、「なぜ早く言わなかったんだ！」と怒るのは厄介よね。話しかけにくい人への具体的なコツを話す前に、心がまえを確認しておきましょうね。

それは、**「どんなに話しかけにくくても、絶対に『報・連・相』をする強い意志」を持つこと**。相手が話しかけにくいオーラを放っていても、「話すな」とは言っていないわ。だから、何か問題が起きたら、表向きは自分が原因になるの。サイアクよね。コミュニケーションがとれないと、必ず事態は悪化するわ。話しかけづらくても、めげずに「報・連・相」よ。

そのうえで、3つのコツを紹介するわ。コミュニケーションは直接話しかけることばかりではないわ。直接話しかけにくければ、周りから攻めていく。これが攻略方法よ。

メールやチャットと会話を組みあわせるの

メールやチャットなどの文章と会話を組みあわせる方法は、トラブルの予防にもなるのよ。「直接報告しろ」と言う人もいるかもしれないけど、その時は、「つい先ほどメールでもお送りしましたが……」と答えてみて。

話しかけにくい雰囲気の人は、こちらが一生懸命話したことへの反応は薄い一方で、後から「そんなことは聞いていない」などと言うことが多いわ。なぜかというと、話しかけにくい人は、余裕のない人だから。忙しかったり、キャパが大きくなかったり、あるいは感情コントロールが苦手でイライラしやすかったり……。そうしたいっぱいいっぱいの人に話しかけても、覚えていなかったり、聞き流していたりするのは、想像できるわよね。

一方で、**文章で送っていれば、アナタから働きかけたことが証拠として残る**わ。また、話しかけにくい上司の指示はコロコロ変わることもあるけれど、それも証拠を残してしまいましょう。

定期的な報告の場をつくってみるの

もしアナタがミーティングを提案できるなら、定期的な報告の場をつくるのもアリよ。週1でも毎朝でも、定期的な場を設定して、そこで報告するの。相手が仕事をしている最中に報告するよりも、ずっと話しやすいはずだから。すでにそういう場所があるのなら、その時間に話すべきことを詰め込んでみて。

他の人も巻き込めば怖くないわ

アナタが「話しかけにくい」と感じている人でも、周囲のみんなからそう思われているわけではないのよ。「話しかけにくい人」でも、相手によって態度を変えているはずだからね。アナタが話しかけにくい上司でも、さすがに社長を相手にして、話しかけられたくない雰囲気ではいないでしょう。

また、**人間は、その場に第三者がいればいるほど丸くなる**わ。だから、一対一ではなく、多くの人がいる場面で話しかけるのがいいの。相手がぶっきらぼうな態度に出たら、他の人もわかってしまうような場所が理想的よ。

どうにもならなければ、相手より上の立場の人や、社内の問題を解決する部署に相談してほしいわ。相手が話しかけられない雰囲気を出すのも、ある種のパワハラだから、然るべき手段に出ることも視野に入れてね。

何が何でも「報・連・相」の意志を持つの。めげないで!

5-7

話があう同僚がいない

- 仕事の不満やグチを言いあえる、気を許せる同僚がいない
- 会社の人たちが何を考えているかわからない

職場に「友だち」は必要かしら？

そもそも職場は仕事をする場所。だから、職場に「話があう友だち」は必須ではないの。**「職場では、仕事がスムーズにできればいい」と割り切る姿勢も大切**よ。もちろん、ウマがあう人がいれば友だちになればいいし、いなければ淡々と仕事をすればいいの。それに、仕事の不満やグチはネガティブな話題。誰にでも、いつでも話していいというものでもないわ。どうしても話したいのなら、そういう話のできる職場以外の友だちや身内に話せばいいのよ。

アナタの息苦しさは、**「仲のいい同僚がいなければいけない」「仕事の不満を共有できる人がいなければならない」との思い込みが問題**なのではないかしら？

仕事の不満やグチを吐き出す行為は、クセになるものよね。でもね、それが手放せないのは、めぐりめぐってアナタのためにもならないと思うわ。これを機に、職場での振る舞いを見直してみるのもいいでしょう。

冒頭でもお伝えしたように、職場は仕事をする場所よ。だから、下手に関係性が近くなりすぎると、かえって仕事がやりづらくなることもあるわ。「仲」を優先して、言いたいことが言えなくなる、なんて経験はないかしら？

もし、アナタに何でも言える「仲」のいい同僚ができたとしましょう。その関係性がうまくいっているうちはいいけれど、何らかの原因で仲が悪くなったらどうかしら？　おそらく、そのほうがよほど息苦しいと思うの。そして、**仕事の不満やグチを言いあう相手は、仲が悪くなった時に、自分への不満やグチを言い出す可能性もある**わ。

そう考えると、実は最初から深入りしないほうが、職場の居心地はよくなるのよ。アテクシも、周囲にあまり深入りしないスタッフとは仕事がしやすい印象があるわ。

「信頼」「尊敬」をベースに関係性を築くの

もちろん、「友だちになってはいけない」というわけではないわ。問題は「居心地をよくしたいから、誰かと仲よくなりたい」という気持ちなの。「友だちが必要である」という前提をなしにしましょう。

それでも**何度か一緒に仕事をしていくうちに、自然と信頼関係を築ける**と思うし、その時に親しくなればいいの。もしかすると、友だちという形ではなく、尊敬できる先輩や、頼りになる後輩という形かもしれないわ。職場だからこそ、こうした**「信頼感」をベース**

にした関係性は「友だち」よりなおいいわね。少なくとも、すぐにでき上がる関係ではないから、気長に関係性をつくっていきましょうね。

たとえば、どうしたらよりよい仕事につながっていくのか。やりづらいことや、トラブルはどう対処したほうがいいのか。誰かに聞いたり、一緒に考えたり、あるいは誰かに教えたり。仕事を中心として自然とコミュニケーションが広がっていくのよ。時間はかかるけれど、それが仕事のやりがいにもつながって、より居心地のいい職場になるはずよ。

残念ながら、そうした意識をしても、どうにもならない職場も存在するの。理不尽な話がまかり通り、ハラスメントが横行しているような職場ね。そういう場合は、その職場に長くいてもいいことはないから、転職を視野に入れるべきよ。

職場に「友だち」はいらない。
仕事をベースにゆっくりと人間関係を育てましょ。

5-8

同調しなければならない

- 上司の自慢話モードに「すごいですね」以外の返しはしにくい
- 「部署のみんなで飲みに行こう」というお誘いが断りにくい

たとえ相手が上司で、同調するしかない場面であっても基本は「関わらない」「反応しない」「気にしない」よ。「マウンティングする人」への対策と共通する部分があるわね（130ページもご参照くださいね）。

しかし、「反応しない」「気にしない」はできるけれど、「関わらない」は難しいと思う人は多いかもしれないわね。そこで、今回は「関わらないコツ」を紹介するわ。**「関わらざるを得ない」と思っても、本当に関わらざるを得ないことはまれ**なの。

仕事だけに集中して、しれっと逃げて

これは主に職場で有効な方法よ。「同調したくないのに、同調せざるを得ない場面」は、たいていどうでもよく、本来の業務と関係ない場面よね。それならば、本来の仕事に集中していれば、無理に同調させられる場所から一時的に抜け出せるの。また、本来やるべきことを一生懸命やっているなら、同調しないことが原因で嫌われることもあまりないのよ。

ここでアテクシの若い頃のお話をするわね。少しの間働いた病院の上層部の先生が、自慢話が好きな人だったの。ある日、その先生がこう言ったわ。

「新しい病棟が完成したので、見学ツアーをします」

アテクシはカルテの整理を中断してツアーに参加したのだけど、何も役に立つ話はなく、「設備にすごくお金をかけた」のような自慢話で終わってしまったのよね。

多くの先生がこのツアーに参加させられたのだけど、参加していない人もいたわ。その人たちは書類を作成したり、患者さんと話していたりと、仕事に集中していたの。途中でこのツアーを抜け出した先生たちも、仕事を思い出したと言って（あるいはそのフリをして）、その場を抜けたわ。それでも特に悪目立ちもせず、お世辞を言う必要もなく済んだの。**同調したくない話にあわせられそうなら、仕事を言い訳に逃げても問題ない**のよね。

また、仕事に関わる部分で不本意に同調をさせられそうなら、同調せずに自分の意見を伝えるべきよ。

その場から逃げられそうにないなら、中心人物から離れるのも重要よ。会話には「範囲」があって、たいていは目の届く範囲の人と会話しているのよね。中心人物から離れた人の反応は、ほぼ見られていないの。だから、同調しなくても気づかれにくいはずよ。

話を聞く時は「肯定しない」「話を広げない」

同調したくないなら、肯定しなくていいわ。ただ聞くだけでいいの。察しのいい人なら、アナタが「同調するのを嫌がっている」と気づいてくれるわ。もし察してもらえなくても、無理に同調しないだけで、モヤモヤは多少マシになるはずよ。

また、同調したくない話は、**「そうなんですね」ぐらいで終わらせて、あまり広げないようにする**のがおすすめよ。サービス精神が旺盛な人は、興味がなくても話を広げてしまうけど、それは相手が喜んで、自分が疲れるだけよ。

これらの抜け道を使って、できる限り「関わらない」を実行してみて。これだけでもだいぶ心の負担が軽くなると思うわ。

無理に同調しなくても、抜け道はあるものよ。

指摘をしたら不服そう、ミスを認めない

- 指摘されることが不服そうな人
- ミスを認めないように言い訳をすることもある

なかなか非を認めない人は、間違いを指摘されることを、自分への攻撃や否定だととらえているわ。**対策方法は、「アナタを否定しているわけではない」と明確に示す**こと。では、それをどのように示せばいいのか、具体的にその方法を見ていきましょう。

アナタの考えを「アイメッセージ」で伝えるの

アイメッセージは、35ページで説明した通り、「私は○○だと思う」と、自分を主語にして話す方法よ。この反対の表現がユーメッセージ。「アナタは○○だ」と、アナタを主語にして話す方法を指すわ。

一般的に**アイメッセージを用いたほうが、人間関係は良好になる**と言われているの。特に相手のミスを指摘する場面では、「私は、この場合は○○したほうがいいと思う」「私なら、こういうやり方をするわね」といったアイメッセージで表現するほうが、自分の考えや感じ方を話していることが伝わるでしょう？　そう言われた相手は、ミスを決めつけられた感じがせず、話を受けとめやすくなると思うわ。

一方でユーメッセージでは、「アナタのやり方は間違っている」「アナタはミスが多い」といった表現になるの。**ユーメッセージのほうが、はるかにキツい**わよね。それは、「アナタ」を主語にすると、相手のことを決めつける表現になるからよ。そのつもりはなく、「人格を否定された」と相手に感じさせてしまう時は、無意識のうちにユーメッセージを使っているケースが多いの。

ただ、**「アイメッセージ風」の表現もあるから、気をつけて**ほしいわ。

たとえば、「私はアナタが間違っていると思う」という表現。一見アイメッセージに見えるけれど、発言内容はユーメッセージになっているの。だから、あまり柔らかい表現になっていないわ。相手を決めつける表現をしないことが大切よ。

ミスの指摘は「視覚情報」を意識して

ミスを指摘されて不機嫌になる人は、思い込みが激しく、被害者意識が強い傾向にあるの。そのため、こちらとしては単純にミスを指摘しただけでも、「嫌われている」「非難された」などと悪い方向に解釈してしまうこともある。また、思い込みが激しいあまり、記憶をつくりあげてしまう人もいるわ。

これを防ぐためには視覚情報を併用するのがおすすめよ。たとえば**メールやチャットを使い、箇条書きにしてシンプルでわかりやすく示す**。こうすれば「言った言わない」にならないし、相手とも解釈をあわせることができるわ。
また、どこがミスだったのか、マニュアルを示しながら明確に示すこともおすすめよ。

ポジティブな表現が受け入れやすいわ

「これではいけない」「これは間違っている」と、ミスを指摘したところで話が終わると、相手は否定された気分になるもの。「次からはこうしてくださいね」「こういう風にしてみたらどうでしょう?」と、次の行動を提案してみて。

また、**相手のミスを指摘する際に、いいところも一緒に伝える**のもいいわね。「アナタのやり方は、○○の部分はいいと思う。でも△△の部分は誤解されやすいから、次はこうしてみてください」といった表現をすれば、相手は否定されたと感じず、受けとめやすくなるはずよ。

指摘のしかた次第で、相手はぐっと受けとりやすくなるの。でも、相手の顔色をうかがう必要はないわ。

第 6 章

家族・親戚とのつきあい

6-1

大きな期待をされている

- 親「難関大・有名企業に入ってほしい」「孫の顔を早くみせてほしい」
- 期待を裏切らないような選択をしないと、と思ってしまう

親からの期待ってなかなか厄介よね。「アナタは〇〇すべきよ」などと露骨に言ってくる親はお話にならないけど、「お前の自由にしなさい」なんて言われても「本当はこうしてほしい」という圧力が何となく伝わってくるわよね。そうした意味で、親からの期待を感じない人は少ないのではないかしら？

親の期待はキリがないの

少しアテクシの話をするわね。

アテクシの父親は開業医で、アテクシは父の働き方をずっと見て育ってきたわ。そして「いずれはお前も医者になるんだからな」と言い聞かされていたの。また、母親もかなりの「教育ママ」だったわ。そうした家で育つと、「父の跡を継ぐ以外の未来」はまったく想像もできなくなるの。アテクシの成績を見て両親の期待が膨らんでいくのを、ひしひしと感じていた小学生だったわ。

医学部に強い中高一貫校を受験することになり、幸い無事合格。中高に進むと、休みは塾の予定で埋められ、もちろん医学部を受験したわ。医学部にも合格し、留年することもなく気がつけば医者になっていたの。このあたりからアテクシは**「親の期待に応えても、次はもっとレベルの高い『期待』を課せられるだけ」**と気づいたわ。つまり、**「親の期待**

通りに生きる」のはキリがないのよ。

医者になりたての頃、アテクシは自分がゲイだと気がついたの。悩みはしたけれど、「これ以上親の期待通りに生きなくてもいい」と気持ちを切りかえたわ。次の親の期待は、「結婚して孫の顔を見せてほしい」だったから。アテクシが自分軸について口がすっぱくなるぐらい言い続けているのは、こんな経験から来ているの。

ただ、アテクシが過去を後悔しているかというと、まったくそんなことはないわ。それは当時「自分はこう生きたい」という考えが特になかったから。作家になりたい気持ちはあったけれど、当時は「賞に応募しよう」と行動にうつすこともなく、夢物語だったのよ。だから、特にやりたいものがなければ、親に従ってみようと思ってたわ。

つまり、**親の期待を知ったうえで、自分で納得して進路を決めた**のよ。親の期待に問答無用に従っていたわけではなく、自分軸で期待に従ったの。この違いは非常に大きいわ。

親の「期待」を「意見」に格下げするの

ここで言いたいのは、**親からの期待に沿って生きるのではなく、親の「意見」として聞くのが大切**だということ。そこで改めて自分で考えてみてはどうかしら？　親の期待に沿って生きる「生きづらさ」を感じた時、「親の期待に沿わない」「親の期待に沿う」の両極端な二者択一で悩みがちよね。自分の行動を大きく変えることになれば、親と対立する可能性もあるわ。その勇気が出なかった場合は、今まで通りモヤモヤしたままよ。

ならば、両極端を選ぶのではなく、その中間地点として、親からの期待を親の「意見」に格下げするの。具体的には「お父さん（お母さん）の意見はそうなんだね。自分でもゆっくり考えてみる」と答えた後で、自分が決めた通りにすればいいわ。このワンクッションを入れるだけで、アナタが何となく考えていることが親にも伝わるかもしれないわ。

もちろん、こうしたやりとりもできず、**問答無用で親が押しつけてくるのならば、ケンカしていい**と思うわ。親の期待通りに生きていると「ケンカはいけない」と思いがちだけど、そんなことはないわ。ケンカ上等よ。

親からの期待は「一意見」として聞く。納得できたら採用するの。

6-2

兄弟・姉妹間で比較される

- 容姿や能力・愛嬌で比較される
- 親は悪気はないだろうけど、モヤモヤ

何かと優秀な兄弟・姉妹に劣等感を抱いている人、確かにいらっしゃるのよね。一つ考えておくべきは、**「本当に比較されていたのか」という問題**よ。

「比較されている」のは本当？

もちろん露骨に比較されていることもあるけれど、よくよくお話を聞くと「本当に比較されていたかはっきりしない」ケースが多いの。「愛情たっぷり、いい子に育ってほしい」と願い、比較したり露骨に差をつけたりして育てないようにする親のほうが多いと思うわ。

つまり、これは「嫌われているかもしれない」と思う問題とよく似ていて、**受け手の感じ方の問題**なの。「嫌われているかもしれない」ことに敏感な人は一定数存在するわ。こうした人はあいさつの返事が一回なかったこと、何となく口数が少なかったことなど「ちょっとした行き違い」を大きく解釈してしまいがちね。

あいさつの返事が一回ぐらいなくても、考え事をしていただけかもしれないし、うっかり忘れただけかもしれない。口数が少なかったのも、疲れていただけかもしれないし、喉がちょっと痛くて声が出なかったのかもしれない。**相手の事情を考えることなく「嫌われたのかもしれない」とモヤモヤしていないかしら。**この場合、本質は他人に嫌われたことではなく、「嫌われることに敏感で、不安になりがちな自分自身」よ。自分自身の感じ方に目を向けないと問題は解決しないわ。

案の定、「親に比較されてつらかった」という人の親に、（本人の同意を得て）お話をうかがうと、「まさかそんな風に感じていたなんて」とびっくりされるわ。無意識に親が比較していて、子ども自身がそれを感じとっていた可能性もあるけれど、そうだとしても問題は本人の「劣等感」にあるの。**この劣等感に焦点を当てなければ、モヤモヤは解決しない**わ。もし、親が本当に比較していても、劣等感がなければ気にも留めないはずよ。

比較されてモヤモヤするアナタができること

では具体的にどうしたらいいのかしら？　方法を2つご紹介するわね。

1つめは、**比較されてつらいと感じている対象を考えてみる**方法ね。本当に比較されていたかどうかは気にしなくていいわ。たとえば見た目、スポーツや勉強の出来など、何かあるはずよ。

そして対象がわかったら、**その劣等感を解消する方法を検討する**の。対象に向きあって克服するのもいいし、得意なことを伸ばすのもいいわね。たとえば、勉強が不得意でも、得意なコミュニケーションをさらに伸ばすなどね。もちろん、両方を組みあわせてもいいと思うわ。たとえば、「苦手な英語を勉強しながら、ＰＴＡ役員の務めを果たす」とかね。

もう１つは、**親との関係性を薄くする**方法もあるわ。関係性を「薄くする」という表現は一般的ではないけれど、状況は伝わるかしら。冷たくするのではなく「薄く」する。これは親以外にも目を向けるということよ。親の比較が気になるのは、自分の意識のベクトルが親に向いているということ。親離れできていないと言えるかもしれないわね。

友人や恋人、先輩・後輩など、親以外との関係性を「濃く」すれば、親からどう思われているのかは自然と気にならなくなるの。アテクシも母親に「もっときちんとしなさい」と今も言われるけど、特に気にはならないわ。親以外との周囲との関係でそれなりに「きちんとしている」とわかっているからね。

比較されたことよりも、自分の劣等感の問題かも。自分なりに克服するか、親以外との関係を「濃く」してみて。

「あまり知らない親戚」とのつきあい

- お正月やお盆などで遭遇する
- あまり知らない親戚と何を話したらいいかわからない

無理しなくていいポジションを見つけるの

「あまり知らない親戚とのつきあい」がめんどくさいこと、ものすごく共感するわ。アテクシの両親は台湾の人で、それぞれ兄弟が10人もいるから、親戚の数が膨大なの。しかも、アテクシは日本で生まれ育っているから、台湾に帰ることは少なくて。つまり、普段ほとんど面識がないどころか、言葉も通じない間柄なのよね。

でも台湾の人は、親戚をすごく大切にするから、アテクシが台湾に帰ると、仕事を調整して、一族総出で宴会や観光案内をしてくれるの。でも人見知りのアテクシは、たいてい固まってしまうのだけど。英語で何とか意思疎通できる人もいるけれど、数日間一緒にいるのは正直キツいのよ。

最初のうちは愛想よく溶け込もうと思っていても、疲れて疲れてしかたなくて、台湾に帰ること自体が嫌になったわ。だから、途中からコミュニケーションをあきらめて、会釈と笑顔、「ハーイ」「サンキュー」「バーイ」「謝謝《シェイシェイ》」ぐらいの受け答えに限定したらだいぶラクになったわ。

このアテクシの経験から言えることは、結局「**無理をしなくていい**」ということよ。アナタが話題に困るのなら、多分相手も困っているはず。だから、静かにしていればいいの。また、ベラベラ話をしてくる人の話の聞き役に回ってもいいわね。あるいは、会う機会の多い人と一緒にいるようにするなど、自分が無理せずにいられるポジションを見つけて、そこにいればいいわ。

無理をしたら、ずっと無理をすることになるわ

この「無理をしなくていい」という考え方はパーティーなどでも有効よ。真面目な人は「みんなと分け隔てなく会話しなきゃ」などと考えてしまうようだけど、それは主催者のお仕事よ。アナタはただ楽しめばいいの。会話しやすい人とだけ会話していればいいわ。

みなさんも大人だから、アナタが特定の人とだけ話していても大丈夫よ。社交的な人もいれば、シャイな人もいるわ。むしろシャイな人だと思ってもらえたほうが、今後ラクになるのではないかしら？　**無理して社交的に振る舞うと、ずっとそう振る舞わなければいけなくなる**でしょ。疲れ果てて特定の人としか話さなくなったら、周囲の人に「嫌われたのかな」などとよけいな心配をさせてしまうわ。

会話のテクニックとして、天気の話題を振る、話のネタをぶつけてみるなどの方法はあ

るけれど、**無理やり会話することに何の意味もない**わ。間を持たせるために会話していることは相手にも通じるはずよ。コミュニケーションをとりたい相手とは、勝手に話が弾むはずだから、それでいいの。

また、**会話だけで何とかしようとせず、体を動かす**のもいい方法よ。たとえば料理をとりわける、片づけを手伝うなどね。人数が多く集まる場所では、行動をとれる場所は必ずあるわ。行動に伴って自然と会話もできるでしょう。

「何か手伝いましょうか？」

「ありがとう。お皿を洗ってくれる？」

このように、行動に会話を付随させるのは、実行しやすいのではないかしら。

一緒に何かをする経験は、人間関係を円滑にするわ。口下手でも、わざわざ苦手な「会話」だけで間を持たせようとするから、どうしていいのかわからなくなるのよね。

基本は「無理して会話しなくていい」。聞き役に回る、何か手伝うなどでラクな居場所を見つけて。

「お金にだらしない親戚」とのつきあい

- 自分がお金を肩代わりすることがある
- 親戚や親しい人だと無碍《むげ》にしにくい

お金は貸していいことないわ

残念ながら、お金にだらしない人は基本的に治らないことが多いわ。そのため、お金にだらしない人に貸したお金は、いずれ返ってこなくなるかもしれないの。

また、お金を貸すと「返してくれるだろうか」と気になって、貸している間ずっとストレスよね。それもそのはずで、心のどこかで「返してくれない可能性がある」と認識しているから。そもそもお金にしっかりしている人ならば、銀行で借りるなどして資金調達するから、友だちや親戚にお金を借りるような事態にはならないわよね。きちんとした人は、自分のことで人にストレスをかけたくないと思うはずよね。

つまり、**お金を借りにくる人は、その時点で関わるべき人ではない**の。アナタにストレスをかけてもかまわないと思っている人にお金を貸していいことなんてないわ。

それでも何らかの事情で相手のためにお金を貸したとするわね。相手は一時的に助かるけれど、お金を貸すことは相手のためにはならないわ。お金を貸してもらった相手は、「何かあったら、また借りればいい」と学習して、よりお金にだらしなくなるの。

これは依存症のメカニズムと似ているわ。依存症の人は、依存ゆえにお金がなくなるなどしたら、周囲の人にお金を借りるでしょう。周囲の人が「これが最後だよ」とお金を貸しても、そのお金は依存のためにまた使われてしまうわ。**本人の依存を周囲の人間が助長しているのよね。**そうしたことを繰り返していくうちに、周囲の人間が誰もいなくなってしまう。これを精神医学的には「底尽《そこつ》き体験」というの。この状況になって初めて、本人が「依存を克服しなければいけない」と本気で考える可能性がでてくるわ。治療はそこから始まるの。

周りの人がお金を貸すことで、お金を借りることに慣れさせてしまう。それは本人のためにならないわ。家の電気が止まろうが、代金の支払いができなかろうが、何を言われても貸さないことが大切なの。そんな事態になれば本人は大変だけど、それによって「二度とこうした状況にならないようにしよう」と思うはずよ。

「お金を貸さない人」だと伝えるの

ではどうしたらお金を貸さずに済むかしら？　これは最初が肝心よ。言い訳は何でもいいの。「私もお金がない」でもいいわ。借りにくるほうが悪いので、本当はお金を持っていても「ない」と言えばいいのよ。また「私は一切お金を貸さないことにしているの」などとはっきり言うのも一つの手ね。お金を借りにくる人にとって理屈はどうでもいいのよ。「この人はお金を貸す人かどうか」だけしか考えていないのだから、**「お金を貸さない人」だと相手に伝わればいいわ。**

「お金にだらしない相手が親戚などの親しい人の場合、無碍《むげ》にはできない」と思う気持ちはわかるけど、無碍にしていいのよ。というより、無碍にしなければならないわ。これでその人が寄りつかなくなったら、万々歳。関わるべきではない人が関わってこなくなったのだから。アテクシはお金を貸した人が「貸してよかった」と言う場面を今まで見たことがないわ。自分のためにも、相手のためにもロクなことにはならないわよね。**どんな事情でも、どんな金額でも、絶対に貸さないことが大切よ。**

最初からお金を貸さないほうがいいのだけど、何度か貸してしまうと相手はしつこく食い下がってくるかもしれないわ。それでも心を鬼にして接してくださいね。

お金を貸していいことは、相手にも自分にもないわ。どんどん無碍にして、相手を寄りつかせないようにね。

成人しているのに親の干渉が止まらない

- 私の部屋に、掃除や洗濯をしに来る親
- 親「恋人はいるの?」「結婚はいつなの?」

「親離れ」は「子離れ」よ

親離れと子離れは、同時並行で進むものよ。なぜなら、それは親子の心理的な距離感の問題だから。どちらかが距離をとろうとすれば、親離れも子離れも同時に進行していくの。だから、親が子離れできていない時は、子ども自身も親離れできていない可能性があるのよね。

親が子離れしてくれることが一番いいけれど、親といっても他人。古くから言われるように、他人と過去は変えられないから、自分から親離れするのが一番いい方法よ。もちろん、親に子離れするように伝えることもできるけど、たいていの親は自覚がないから（自覚があれば問題になっていないわよね）、あまり期待はしないほうがいいわ。

もしできるなら、一人暮らしをしてはどうかしら。それも、簡単には行けないぐらいの距離が理想的ね。一人暮らしをしても実家の近くなら、過干渉な親は顔を出してくる可能性が大きいわ。

たいてい、**子離れは、子どもの一人暮らしをきっかけに進むことが多い**ものよ。子どものいない空間や時間を体感することで、親は改めて「子どもの一人立ち」を認識するの。

親は一時的に虚無感や寂しさを味わうことになるけれど、それも大切な過程よ。というのも、その経験を経て、親が自分の人生と向きあうことになるからよ。いつまでも子どもがいては、そのきっかけが得られないでしょ。

また、**事情があってすぐに一人暮らしが無理だとしても、一人暮らしの計画を立ててみる**のはどうかしら。いずれ一人暮らしをすると考えるだけでも、ラクになるものよ。

されて嫌なことはきちんと伝えるの

次に、**自分のことは自分で決めて行動する**ことも大切よ。親にされて嫌なことは、親にきちんと伝えること。そのうえでそれが守られないならば、別の手を打ちましょうね。自室に入られるのが嫌なら、鍵をつける。部屋の掃除を勝手にされるのが嫌なら、自分で常に掃除しておく、などよ。また、**親に言いたくないことは「言いたくない」「わからない」と答えておけばいい**の。それでもしつこく聞いてきたら、もう返事をしなくてもいいわ。

ただ、実家暮らしをしているのならば、たとえ実家でも他の家族と「共同生活」をしているといえるわ。家事の分担をする、門限を守るというのは、親離れや子離れの問題ではなく、共同生活のルールよ。一緒に暮らす以上、ルールは守りましょうね。

そして、**「親の子離れの問題と、自分勝手を混同していないか」についても、今一度見直してみて**ほしいわ。

親は、子どもに対して心配なことは口を出してくるものよ。また、問題だと思った行動に怒ることもあるわ。それを何でもかんでも「親が子離れできていないせいだ」と考えてしまっては、何も解決しないわよ。**話しあうべきことは話しあって、守るべきことは守る。そこから一対一の人間としての関係がスタートする**の。

なので、親の言うことを「うるさい」とやみくもに否定することもやめましょうね。まずは聞いて、そこからどうするか考えるのがいいわ。

親の子離れは、アナタの親離れの問題でもあるの。一人暮らしをして、自分のペースで行動すれば解決していくわ。

子育てに口を出される

- 子どものしつけや夫婦の子育て分担に「アドバイス」をされる
- 口グセは「私が○○（子ども）を育てた時はね……」

よく聞くお悩みだけど、子育てで意見が分かれる問題はなかなか難しいわよね。

世の中の多くの悩みは「自分の問題と他人の問題をごちゃまぜにしていること」から発生しているの。その問題への対策は、①「自分の問題と他人の問題を区別すること」、②「自分の問題は自分で考えて、他人に決定させないこと」、③「他人の問題であれば、口をはさまないこと」の3つが基本よ。

口出ししたくなるのは子どもが大切な存在だから

でもね、親にとって一人前になる前の子どもは、他人でも自分でもない存在なの。親の一部分とも言える存在よね。そして、祖父母にとっても大切な孫であるように、親以外の子どもに関わる人間の一部とも言えるわ。もちろん、親の割合がもっとも大きいことには間違いないけれど。「子は宝」と言うように、周囲の人間の「こんな人間になってほしい」という思いを受けとる、まさに宝物よね。

ただ、その状況が問題を生むことがあるわ。たとえば、周囲で子育ての方針が違った場合ね。自分自身の問題であれば、右の①~③の基本的な対策でいいけれど、自分の一部ともいえる子どもの問題は、明確に分けられないものよ。自分たち親にとっても、その親(子にとっての祖父母)にとっても、それぞれにとって子(孫)は自分の一部。だからこそ子育ての方針は譲れないし、譲れないからこそ解決しづらいのよね。

また、「毒親《どくおや》」の問題もここから発生するの。子どもは親の一部分として育っていくけれど、途中からは自我が芽生え、一人前の大人、つまり他人になっていくの。しかし、大人になってもまだ自分の一部と認識する親がいる。ここで対立が生まれてしまうのよね。

話を戻すわ。「子育てについて口をはさまれた時の対応」についてね。

まずは、アナタだけでなく周囲の人にとっても、子どもは大切な存在であることを認識しないといけないわね。だからこそ「口を出すな」と強気に出ずに、次のような対応を検討してみて。

機会をつくって話を聞くの

まずは、**しっかり機会を設けて話を聞く**ことが大切よ。日常的に口をはさませるのではなく、「またお話を聞きたいです」などと断って、子育てについての意見を聞くの。

相手からの話をよく聞いた後、今度は自分たちの考えを伝えてくださいね。批判的に口をはさむ人は、相手の方針を理解していないの。理解していないからこそ、不安になり、不満になり、批判的になるわ。でも、考えがあると知れば、改善する可能性があるわ。

また、**意見が割れた時は話しあう**の。どちらの方針にもいい点があるなら、折衷案を探ってみて。それができないケースもあると思うけど、それはそれでいいのよ。意見が割れる時は、最終的には親であるアナタが決めればいいんだから。相手の意見を聞いたうえで「でもこうします」と宣言すればいいわ。

これらの過程をはさむことで、周囲の人を間接的に子育てに参加させることができるわ。時々口をはさむのは「自分の意見を聞いてくれない」ことへの反発よ。こうすれば、少しでも自分の意見を聞いてくれたという思いから、周囲の干渉が落ち着く可能性があるわ。もちろん最終的にはアナタが決めていいことだけど、機会をつくって周囲の意見を聞くことも大切よ。

子育てに口を出されるのは、子どもがみんなの宝だから。まずは思いをくんで、話を聞く姿勢は見せたほうがいいわ。

親孝行ができていない自分にモヤモヤ

- 誰かの親孝行話を聞くたびに、「親孝行できていない自分」が嫌になる
- 私「親孝行って何？　どうしたら親孝行したことになるの？」

楽しそうにしていることが親孝行

「親孝行」って必ずしも、いつもどこかに連れていってあげるとか、しょっちゅう贈り物をするとか、そういうことではないと思うのよ。何かしてあげなければいけないと考えるから疲れてしまうのではないかしら？

確かに親は、子どもをあちこち連れていくなど、子どものために行動するわ。だから、子どもの側からしても「今度は親にいろいろしてあげなきゃ」と思いやすいの。でも**親が子どもを大切にするのと、子どもが親を大切にするのとは、意味あいが少し違う**のよね。親に子どもができた時は、子どもはまだ無力な存在。そして、子どもをこの世に送り出したのは親自身。すると「守ってあげなきゃ」「幸せに生きられるようにしてあげなきゃ」と親は思う。つまり「庇護者《ひごしゃ》」としての気持ちが働くのよ。

それなら、親が歳をとった時に子どもに守ってもらいたいかというと、たいていはそうではないと思うのよ。いつまでたっても親は親で、子どもの庇護者なの。介護などで子どもが対応することはあるけれど、日常的に何かをしてもらいたいわけじゃないわ。

では、親は子どもに何を求めているかというと、**アナタの毎日が充実して、楽しそうに生きていく**ことだと思うのよね。

アナタ自身が、自立をして、たくましく楽しそうに生きることが親孝行よ。つまり「これで大丈夫」と親に思ってもらうことではないかしら。親を大切にするための基本条件は、「自分がしっかり生きる」こと、それに尽きると思うの。

父を亡くしてから思い出すこと

そのうえで、時々親のことを気にかける。電話するなどして近況を報告したり、親の体調を気づかったり、たまには顔を見せたり。これでいいのよ。それに、時々は一緒にご飯を食べたら充分すぎると思うのよね。

アテクシは父を亡くしているけれど、後から思い出すのは「一緒にご飯を食べた記憶」。一緒に食卓を囲むのは、生きているからこそできること。そして、ともに人生を歩んでいるからこそできることなのよ。一緒の時間を生きているから、一緒に何かを食べて「おいしい、おいしい」って言いあうことができる。

それらができたうえで、気が向けば旅行に連れていくでもいい。でも、「必要」ではないのよ。**親の存在を当たり前だと思わず、一緒にすごせる時間を日常的に感謝できれば、**

充分すぎるほど親を大切にしていると思うわ。

ただ、中にはそれ以上のものを要求してくる親もいるかもしれない。「私はあなたのために、こんなにしてあげたのに」「恩知らず」などと言うような親もいるものね。そういう場合は、何も相手にしなくてもいいわ。

人を大切にするのもね、「自分軸」なのよ。自分が納得して、自然に何かをしてあげたいと思ってするのが「孝行」。やりたくもないのに、相手が不機嫌にならないようにすることは「孝行」ではないの。たとえ世界一周旅行だって、そんな気持ちで提供されたものに価値はないと思うのよ。

親孝行は「何かをしてあげること」ではないわ。しっかり生きて、時々ご飯を一緒に食べられたら、もう最高よ。

第7章

恋人・配偶者とのつきあい

7-1

しっこくアプローチされる

- 興味がない態度をとっている私をしつこく誘ってくる
- こちらが根負けするのを待っている？（めげない）

精神分析では「防衛機制」という考え方があるの（102ページもご参照くださいね）。これは、自分にとって都合の悪いことや受け入れがたい現実に葛藤が生じ、その葛藤を軽減させるために自分の気持ちを加工する防衛反応を指すわ。

よくある防衛機制は、現実に対して心を閉ざす「否認」よ。本当はうらやましいのに「うらやましくない」と考える。本当はほしいのに、ほしくないと考えるなどね。

この防衛機制には、「人格的な成熟度の違い」があり、望ましいものと望ましくないものがあるとされているわ。先ほどの「否認」はあまり成熟度の高くない反応よ。成熟度の高い反応には、自分の怒りやつらさを芸術作品に転換したり、あるいはスポーツに邁進《まいしん》したりして解決する「昇華」があるわ。この例の場合だと、ミュージシャンが「好きな人に振り向いてもらえない切なさを曲にする」のは「昇華」かもしれないわね。

しつこくアプローチしてくる人の頭の中

恋愛でしつこくアプローチしてくる人は、成熟度の低い防衛機制を多用する傾向にあるわ。たとえば、アナタが明らかに興味のなさそうな態度をとっていても、それを「（自分に）興味がないわけはない」と「否認」するの。

また、自分が相手に抱いている気持ちを、相手が自分に抱いていると考える「投影」という反応をすることもあるわ。たとえば、自分が相手のことを嫌っているのに、「自分が相手から嫌われている」と思うなどね。これは自分が相手を嫌っていることを認めたくないがゆえに生じる防衛機制よ。その反対で、アナタがそっけない態度をとっていても、「本当は好きだから、そっけない態度をとっている」と解釈されることも「投影」よ。

投影が発展すると、恋愛妄想になることもあるの。妄想とは、現実と異なる想像を信じ込むこと。また、それが現実ではないとどれだけ説明されても修正ができないことよ。

こうなると、アナタが相手に好意がないことをはっきりと伝えても、理解してもらえなくなるわ。もちろん、エスカレートしてストーカーになる人は少数だけど、しつこい人は「予備軍」だと認識して、警戒したほうがいいわね。

また、しつこい人は幼稚な防衛機制を用いるだけでなく、そもそも「察すること」があまり得意ではないの。わかりやすく興味がないと態度で伝えているつもりでも、全然理解していない可能性さえあるわ。

しつこい相手には「はっきり」「きっぱり」言うの

しつこい人への対応で一番大切なことは、**「最初にはっきり言う」**ことよ。もし恋人がいるのなら、「つきあっている人がいるから、食事には行きません」と言ってしまうのがいいわ。ここで「それぐらい大丈夫だよ」「そういうつもりじゃないよ」などと相手が言うかもしれないけど、それをのむ必要はないのよ。むしろ、のんではいけないわ。こういう相手は、アナタが渋々応じたとしても、必ずエスカレートするわ。応じた時点で、「食事に行くのが当たり前な関係」にされてしまうのも嫌でしょう？

何度言われても、「できません」でいいの。もし相手が感情的な言葉を発したら、そこで会話のやりとりは終了よ。誤解させない状況を、最初に完璧につくることが大切なの。

相手がしつこい時は、「押せば何とかなる」と相手に思われているものよ。**「押しても無駄」という態度をとるしかない**の。穏便に済ませたくて、相手の要求をのむ必要はないわ。

しつこい相手には、「なあなあ」に接さないで、はっきり言うこと。

交友関係を制限されるなどの束縛

- 恋人が、異性と食事や遊びに行くことを嫌がる
- 相手の動きを把握したい人もいる

「束縛」問題は、交際相手との「価値観」の違いの問題よ。友だちだとしても異性との交流は控えてほしいという人もいるし、それを「束縛」と感じる人もいると思うわ。いくらやましいことはないといっても、相手は相手でモヤモヤするのよ。

そこで、必要な対策は「価値観のすりあわせ」よ。どちらが悪いというわけではないわ。**お互いの価値観が違うなら、お互いが納得するポイントを探るしかない**のよ。ここは「なあなあ」にせず、しっかり向きあうことが大切なの。

つまり、相手の価値観を「束縛が多くてうっとうしい」と軽んじてはいけないということ。一方でアナタの「異性といえども、友だちづきあいは続けたい」という価値観も大切にしたいわよね。お互いの価値観は、お互いの尊厳そのものなのだから。

お互いの価値観を知ることから始まるの

価値観のすりあわせで大切なことは、まず一定のルールをつくることよ。たとえば「異性と一対一では遊ばない」「グループで遊ぶとしても、泊まりは行かない」などね。

このルールづくりは、お互いが納得することが大事なの。「本当は納得できていないけれど、相手がうるさいから妥協する」のはよろしくないわ。最初はガマンできても、必ずモヤモヤは大きくなっていくわよ。そして、そのうち相手の言動に嫌気が差すはず。好きだからつきあっているのに、相手が「一緒にいるために、何かをガマンしなくてはいけない存在」になるのは本末転倒よね。

また、**一緒に遊ぶ友だちは、できればパートナーに紹介したほうがいい**わ。古いつきあいの大切な友だちに、パートナーを紹介するのはごく当たり前のことだと思うわ。また、百聞は一見にしかずとも言うでしょう。どんな人間か、どんな関係性かは、言葉であれこれ説明するよりも、見てもらったほうが納得してもらえるわ。大切な人に紹介してもらう経験は、友だちにとっても、パートナーにとってもうれしいはずよ。

束縛の強い相手は、不安が強いのよ。アナタが異性の友だちと遊ぶ時に「自分より友だちのほうが大事なのかも」「自分はたいして好かれていないのかも」などと、ネガティブな考えを増幅させている可能性があるわ。普段から言葉や態度で「アナタが一番」だと伝えてあげましょうね。

悲しいけど、どうにもならないこともあるの

しかし、どうしても価値観のすりあわせが困難なこともあるでしょう。その場合は、別れを選ぶこともお互いのために必要かもしれないわ。**よい悪いの問題ではなくて、どうにもならない価値観の相違**よ。

アテクシもかつて「ゲイ友」の多い人とつきあったことがあったの。ゲイにとって「ゲイ友」は友だちでもあり、交際相手にもなるややこしい存在よ。アテクシはあまり「ゲイ友」という関係性がしっくりこないから、昔からの友だち以外にはいないのだけど。

一方で、相手は、友だちがほぼゲイ友で、彼らと恋愛もするタイプだったわ。だから、「ゲイ友と飲みに行ってもいい？」と最初に聞かれたの。アテクシは同意したけれど、その人とは結局うまくいかなかったわ。ライフスタイルや価値観まで、まるで違うことが後々にわかったからね。

つまり、恋愛関係も含めた人間関係の悩みには、個々人の価値観が深くかかわってくること。そして、その価値観をすりあわせたり、価値観があわないために離れたりしながら、私たちは生きていくということよ。**何をされたらうれしくて、何をされたら嫌なのかを都度話していくのが、円満な人間関係のコツ**よ。

恋人の「束縛」問題は、価値観の問題として向きあうことが大切よ。

7-3

恋人の結婚願望が強すぎる

- 周囲が結婚し始めて、「30歳までに結婚したい」が口グセ
- 「今はタイミングではない」から、結婚に踏み切れない

「おつきあいのゴールは結婚」は勘違いよ

アテクシは、恋愛と結婚はまったく別物だと思うの。何年もつきあっていても結婚に至らないカップルもいるわよね。これを「縁とタイミング」で説明する人もいるけれど、本来、恋愛と結婚がまったく違う行動だからすれ違うのではないかと思うわ。

たとえ今おつきあいしている人がいても、**おつきあいの延長線上に結婚があるわけではない**わ。恋愛しているから結婚しやすいとは限らないの。もちろん、恋愛から結婚に至るカップルもたくさんいるけれど、それは恋愛と結婚が「偶然」結びついただけよ。つまり「恋愛のゴールに結婚がある」というのは、一種の勘違いなのよね。

そしてこの「勘違い」がモヤモヤを生み出しているように思うわ。恋人から結婚について急かされるなど、結婚への意欲に相手と差がある場合、アナタは結婚したくないのではないかしら。お互いが結婚したいと思えば、結婚するはずよね。

「結婚は考えているけれど今ではない」は理由にならない

結婚しない理由に、「収入が安定していないから」「今は仕事に専念したいから」などと言う方は多いけれど、それは結婚できない理由にはならないわ。お金がないなら、貯金をして、「お金が貯まる一年後には結婚しよう」という具体的な話になるはずよ。あるいは、「結婚を先にして、来年の春には式を挙げよう」という話になるかもしれないわね。なので、「ゆくゆくは結婚するけど、今はしない」という話にはならないと思うの。

つまり、「まだ結婚を考えるタイミングではない」というよりも、単に「結婚は考えていない」ということよ。「まだ」という言葉に「恋愛したらいずれ結婚するもの」という勘違いが含まれているわけね。だから、恋人とアナタのお互いが持っている「モヤモヤ」は、結婚したい人、結婚したくない人のズレから生まれているといえるわ。

「今はタイミングではない」という言葉は、このズレを先送りするだけよ。ただ、結婚は確かに勇気のいることよね。責任も出てくるし、自由な関係性ではいられなくなるものね。恋愛と結婚が別物ならなおさら、恋愛のパートナーが結婚のパートナーとしても向いているのか見極めたくもなるでしょう。

もし、「結婚は考えているけれど、今ではない」と言うのなら、「うまくいく関係なのか見極めたい」という意図もあると思うわ。だけど、期間を定めることもなく「今は考えていない」のであれば、単に「結婚したくない」だけなの。

アテクシは、**相手が「結婚」という言葉を口にしたのなら、結婚するのかしないのか答えを出すべき**だと思うわ。明言しないのであれば、「いずれ結婚したいと思うかもしれないけれど、そう言い切れない」とはっきり伝えるべきよ。ペースの問題ではなく、価値観のマッチングの問題なのよね。

もし本当に何らかのタイミングの問題ならば、いつ結婚するのかを話しあって決めればいいのよ。それができなければ結婚したくないということだから、それでもつきあうのかどうか、とことん考え、話しあうべきだと思うわ。

結婚が前提なのかどうかで、「待つ」意味があるかが変わってくるわ。それをオープンにして話しあうことが、お互いへの誠実さよ。そして、関係をダラダラ続けるよりは、お互いにとっていい結果につながるはずよ。

相手から「結婚」という言葉が出たのなら、お互いの将来について話しあういいタイミングよ。

7-4

やたら母親と比べてくる

- 私の手料理を食べて、「実家の味つけが好き」「母の味にはかなわない」とぬかす
- 「料理も洗濯も、母のようにしてほしい」と言われる

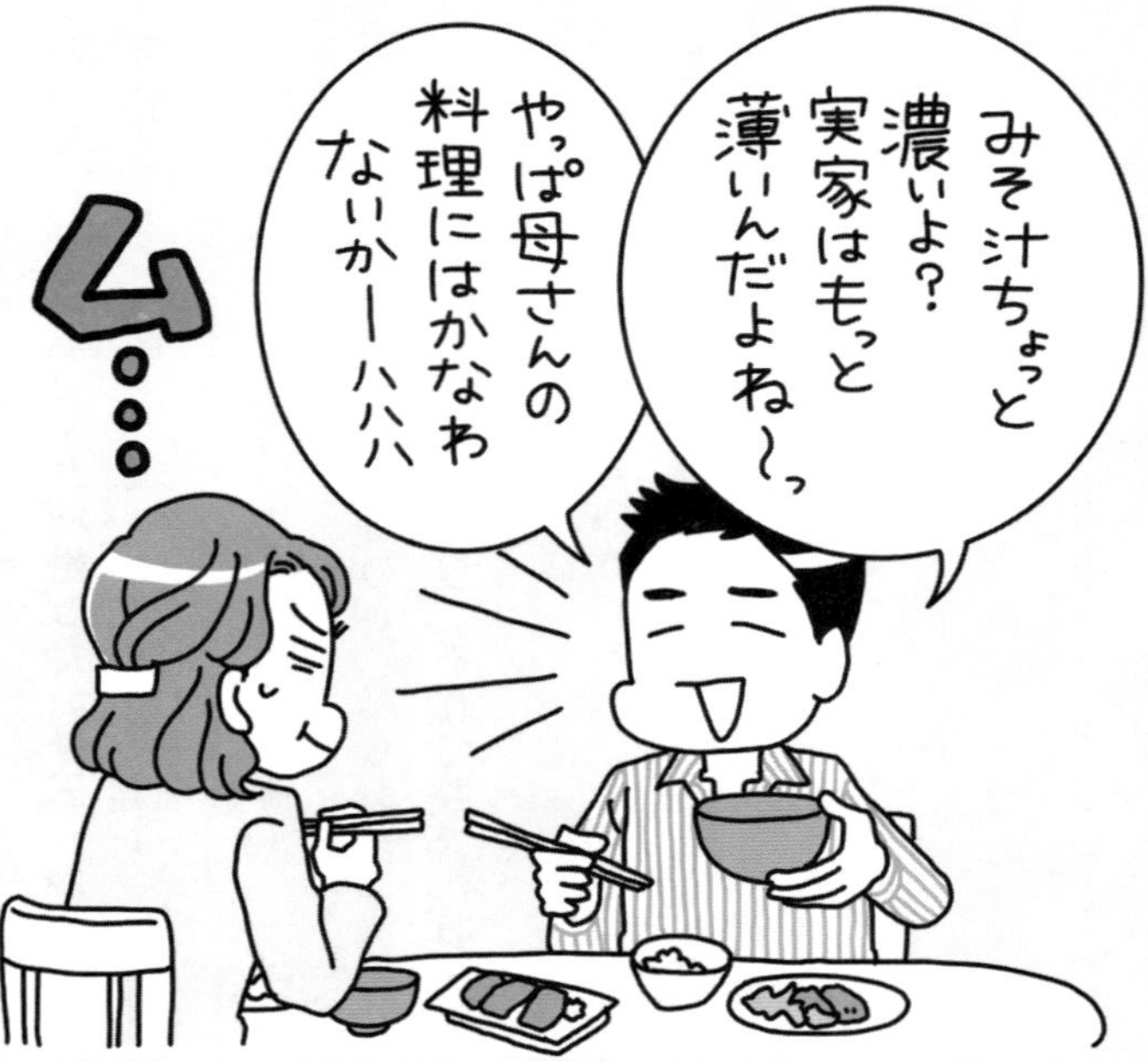

感謝の気持ちが足りない相手には喝！

母親と比べてくるのは、立派な「マザコン」よ。手料理を比べるなんてサイアク。義母がマウンティングしてくるのならまだしも（嫌だけどね）、パートナーが義母の肩を持つのは、モヤっとするわよね。

さらに、こういうパートナーはもう一つの問題があるわ。もしお母さんの味のほうがおいしいと思っても、普通は言わないわよね。料理をつくってくれたアナタの気持ちを考えると、そんな言葉出てくるはずもないのよ。つまり、パートナーには感謝の気持ちが足りないのよ。正直お話にならないわ。

アナタがイライラするのも無理はないわ。「母の味にはかなわない」などと言う時点で、アナタのことを下に見ているのよ。正直、アテクシなら、「こんな人選ぶんじゃなかった」というぐらい嫌ね。**激怒してもいいレベルだから、「気にしない」や「相手にしない」といった対策はしないほうがいいわ。**そういう選択肢をとる時は、もう別れる時よ。そこまでではないのなら、怒りをあらわにしてもいいかもしれないわ。

でも、こういう相手は、怒りをそのまま出しても伝わらないのよね。それどころか、逆ギレしてくることもあるわ。なぜなら、彼・彼女らには自覚がないの。悪いと思っていないの。ここでは、自覚がない相手への怒り方のコツを紹介するわね。

アナタの気持ち（＋理由）を伝えるのが一番よ

自覚がない相手に怒る時は、理由をしっかり述べたうえで、「私はくやしく思っている」「私は悲しいと思っている」と正直に気持ちを伝えることよ。この言い方はどこかで聞いたことはないかしら？　そう、35ページでも伝えた「アイメッセージ」よ。

こういった相手は幼稚なところがあるの。だから「（アナタは）なぜそんなことを言うんだ」「アナタは他人への思いやりがない」などといったユーメッセージを使うと、カチンときて怒り出すこともあるわ。だから、**理由を述べてから、自分がどう感じているのか伝えるのが効果的**よ。

それでもわかってくれないこともあるかもしれないわね。その場合、料理なら、「アナタの満足するものはつくれそうもない」と言って、一度料理をつくるのをやめるのはどうかしら？「そこまでする？」と思うかもしれないけど、相手に自覚がない以上、比べてくる相手の要求に応えようとすると、それが「当たり前」になり、エスカレートしていくわ。いつも自分の料理に文句を言う相手に、渋々料理をつくる毎日。こんな未来、嫌よね。それに、他人への配慮がなく、感謝の気持ちも持てないパートナーも、このままでいたら痛い目を見るわ。**しっかり怒ることは自分のためだけでなく、相手のためにもなること。**そう思うと、怒ることも大切だと思えるのではないかしら？

一方で、「マザコン」そのものについては、大目に見てあげてもいいと思うわ。これはなかなか変わらないし、「母親のことを大事にする」のは決して悪いことではないの。ただ、アナタのことを大事にしていない場面があれば、その都度きちんと指摘して軌道修正しましょ。

母親と比較されたら、怒って当然！
ただし「アイメッセージ」でアナタの気持ちを伝えましょうね。

第 8 章

大切な人を
大切にするには

「人を大切にする」ってどういうこと？

「人を大切に」と、耳にしたことはあるかしら？

よく言われる言葉だし、そうできるのがいいとは潜在的に思っているけれど、「人を大切にする」には具体的にどうすることか、あまり考えないのではないかしら？

さまざまな考え方があるとは思うけれど、**「言動を一致させること」が、人を大切にすること**だとアテクシは考えているわ。つまり、口で言うことと行動が同じ、ということね。

相手を大切にしていない時は、本心で思ってもいないことを口にしているものよ。そうした時、「その場をやりすごせればいいや」と考えているでしょう。だから約束する気のないことを口走るし、約束を破ってしまうの。言動が一致していない状態ね。

一方で、言動を一致させさえすれば、相手を大切にすることになるわ。守れない約束はしないし、耳触りがいいことを言って、その場を切り抜けようとはしないものよ。

言動を一致させることは、誠実さの証よ。相手に対して言動を一致させれば、誠実であることになり、大切にしていることになるし、それは相手に伝わるのよ。

これまでの章では「めんどい人」への対処法を説明してきたけれど、ここで「人を大切にする」話をするのには、理由があるわ。

「めんどい人」との人づきあいの悩みを解決したいと思うのは、「めんどい人」に費やす労力を減らして、「大切な人」を大切にすることに労力を費やしたいからではないかしら？

アナタを悩ませる人間関係の悩みは減らして、アナタを幸せにする人間関係を大切にすることで、アナタの人間関係はもっとラクに、もっと楽しく、充実したものになるわ。

「大切な人を大切にする」ためには「みんなが大切」をやめるの

大切な人を大切にするためには、どのような考え方が必要なのかしら？

それは、**人に優先順位をつける**こと。すべての人を大切にすることなんてできないわ。

でも、目の前の状況に流されてしまうと「めんどい人」に振り回されて、真に大切な人を大切にできなくなる。だから「優先順位」が大切なの。

アナタの「大切な人」は誰？

たとえば、理不尽な無理難題を押しつけてくる上司のことで、アナタの頭がいっぱいだったとするわね。その上司は自分の評価しか考えていない。「これは君のためだよ」なんて言うけれど、口だけとしか思えない……。それでもアナタは「大切な職場の仲間だから」と残業をしてでも何とかしようとしていて、その状況をアナタの大切なパートナーが心配している。パートナーとの時間もなかなかとれない。

この場合、優先順位をつけられないと、本当に大切なパートナーを大切にできなくなってしまうのよ。もし優先順位をつけられたら、「今の会社の体制はおかしい」とか「転職も考えてみよう」とか、「たまには有休をとって、パートナーとのんびりすごそう」なんて発想も出てくるわけよ。

ちゃんと優先順位をつけて、アナタのことを大切にしてくれる、あるいはアナタが大切に思っている人だけを大切にすればいいの。これこそが、「人を大切にする」ことの本当の意味だと思うわ。

「みんなが大切」は幻想よ

「大切な人を大切にする」ためにやめるべき考え方も紹介するわね。

先ほどの逆を考えてみると、「みんなを大切にすること」は不要ね。「大切な人を大切にできない」人は、人を大切にできない人ばかりではないの。**優先順位をつけず、みんなを大切にしようとする人も、大切な人を大切にできていない**わ。

たとえば、仕事上のつきあいだからと、本当はちっとも楽しくない相手と飲みに行く人がいるとするわね。そのせいで平日は帰りが遅くなり、週末はだるくて寝てばかり。家族やパートナーなど、大切にすべき人との時間をないがしろにしてしまう。**時間も体力も限られているのだから、あらゆる人を大切にできるほどの資源は持っていない**のよ。

「大切にすべきではない人」を大切に扱うと、だまされたりつけ込まれたりするリスクも生じるものよ。「あらゆる人を大切にする」のは聞こえがいいけれど、実際は危険な考え方ですらあるの。

この勘違いは、「人を大切にすること」が美徳として吹き込まれていることが原因よね。人を大切にするのは確かにいいことだけれど、「人を」というのは、あまりにも範囲が大きすぎるわ。**大切にしなくてもいい人がたくさんいる**ことが抜け落ちているのよね。

言葉と行動で「大切」を伝えるの

また、どうしたら「大切」であることが相手に伝わるのか、についても考えていきましょう。

結論からいうと、先ほどもお伝えした通り、「言動を一致させること」が必要にして充分よ。そして、ちゃんと相手に伝わるわ。

たとえば、恋愛の場面で、「自分は本当に大切にされているのか」と不安になるのはどのような時か、考えてみて。それは、約束を破られたり、答えをはぐらかされたりするような時ではないかしら？

たとえ相手に約束を守れない事情を説明されたとしても、約束が守られていないなら、「本当に大切にされているのだろうか」と思ってしまうわよね。いくら言葉で「大切だよ」と言われても、まったくそう思えないでしょう？

相手を大切にしようと思うと、言動を一致させられなさそうないいかげんなことは、なかなか言えないのではないかしら。そして、約束したことは何が何でも守ろうとする。「大切にしているよ」なんていちいち言わなくても、アナタの行動から相手は感じとってくれるはずよ。

実にシンプルだけど（でも難しいのよね）、言動を一致させることが、人づきあいの本質といえるのよ。

おわりに ――「めんどい」自分をコントロールする

人間は基本的にめんどくさいものよ。首尾一貫した行動はとれないし、頭ではわかっていても違う行動はするし、何度も同じ間違いをしでかすし、コロコロ感情が変わるし、少しうまくいったら調子に乗るし、些細なことでずっと不安になる。思い当たる節はないかしら？　そう思うと、自分も「めんどい人」になっていると思わない？　というより、めんどうなのがデフォルトだと思っていいわ。

ただ、自分自身が「めんどい人」だとしても、人間関係で「めんどい自分」でいると問題よね。「めんどい相手」と「めんどい自分」が一緒にいたら、めんどい事態になるわ。

他人を変えるのは難しいから、「めんどい自分」が変わることが重要よ。そのためには、**自分のめんどうな部分を自覚して、相手に応じてコントロールできることを目指しましょうね。**

ここまでいろいろ書いてきたのは、すべてそのための方法よ。ただ「めんどい」からといって、それは誰かが悪いという話ではないわ。相手と自分は違う存在で、異なる「めんどい」存在がぶつかるから「めんどい」事態になるだけよ。だから、**お互いがむやみにぶつからないようにすることが、生きていくうえで大切な知恵**になるの。

「めんどい自分」に気づくのは、案外シンプルな話なのよ。相手の立場に立って、自分がどう見えるか考えてみればいいの。でも、意外とこれが難しいのよね。だから、**「何か問題が起こったら、自動的に、自分と相手の立場を入れかえてみる」**ぐらいに徹底してみて。相手の気持ちのシミュレーションをするクセを、体に刻み込むの。「相手の立場に立って考えてみる」と標語のように、どこかに書いて貼っておいてもいいぐらいよ。大丈夫、最初は難しいけれど、だんだん繰り返すうちにできるようになるわ。

だって、小さい頃からアテクシたちは「相手の気持ちになって考えてみて」と幾度となく聞かされてきたでしょ。でも、具体的に相手の立場になって考えることはあまりない。特に、誰かとうまくいっていない時には考えられない。なぜかというと、人は無意識のうちに自分を守ろうとするからよ。自分は正しい、悪くないと思いたい。その結果、相手に対して「めんどい」と思い、時には怒りすら覚えてしまうのよね。

この本では「めんどい」人への対策について、いろいろお話ししてきたわ。

でも、お伝えした通り、「めんどい」というのは相手の問題だけではないの。相手のことをめんどうだと思う自分も、誰かにとっての「めんどい」人かもしれない。だからこそ、常に相手の立場を考えるクセをつけることで、「お互い様だな」「自分もこうなることあるよな」と気づくことができる。すると他人に対して、一歩、懐が深くなれるの。

つまり、自分のめんどくささを減らすことが、他人のめんどくささを減らすことにもなるわ。「めんどい」はお互い様な部分があるのよ。**めんどい相手への対策をすることは、自分のめんどくささを見直す機会にもなる**の。

そこまで来て、本当の意味で「めんどい」への対策ができるわ。他人の小さなことはめんどうにも思わない自分。最終的にそんな自分を目指せるようになるといいわよね。

人生は限られているわ。この本を読んで、少しでも「めんどい」人間関係から解放されることをお祈りしています！

2024年8月

精神科医Ｔｏｍｙ

精神科医Tomy（せいしんかい　とみー）
1978年生まれ。東海中学・東海高校を経て、名古屋大学医学部卒業。医師免許取得後、名古屋大学精神科医局に入局。精神保健指定医、日本精神神経学会専門医。精神科病院勤務を経て、現在はクリニックに常勤医として勤務。2019年6月から本格的に投稿を開始した旧Twitter（@PdoctorTomy）が大きな反響を呼び、2024年7月時点でフォロワー39万人超。テレビ・ラジオなどマスコミ出演多数。『精神科医Tomyが教える 1秒で不安が吹き飛ぶ言葉』（ダイヤモンド社）、『精神科医Tomyの気にしない力 たいていの心配は的外れよ』（大和書房）などのベストセラー著者で、「心が軽くなる」「じんわり幸せになれる」と、その言葉に励まされる人は多い。

精神科医《せいしんかい》Tomy《トミー》の人《ひと》づきあいはテキトーでいいのよ
無理《むり》せず「めんどい人《ひと》」をかわすコツ

2024年9月20日　初版発行

著　者　精神科医Tomy ©Tomy 2024
発行者　杉本淳一

発行所　株式会社日本実業出版社　東京都新宿区市谷本村町3−29 〒162-0845
編集部　☎03-3268-5651
営業部　☎03-3268-5161　振　替　00170−1−25349
https://www.njg.co.jp/

印刷・製本／新日本印刷

ISBN 978-4-534-06132-4　Printed in JAPAN